# 活著不是為了討好你，
# 我想取悅的是自己

西門君——著

高寶書版集團

# 自序

不知不覺，我的微信公眾號「西門君不吐槽」已經經營兩年半了，期間也曾發生過江郎才盡的窘迫，但是在讀者們的鼓勵下，我還是選擇把這個號做了下來。

至於當時開設公眾號的契機，說起來也挺「邪門」的。

三年前的某天，我生了一場大病。我告訴自己，如果能挺過去，就開一個公眾號。後來，我兌現了對自己的承諾，並且由於種種原因，我辭去了浙江衛視的導演的工作。

我不是一個特別會阿諛奉承的人，所以在電視台這樣的工作環境，很難混得開。

在離職後的兩個月裡，我反覆問自己一個問題：我的人生，就這麼認輸了嗎？

答案是：不可能。

因為我是一個從不輕易認命的人，無論是讀書的時候，還是現在。

國中時候我被同寢室的人欺負，寒冷的冬夜，我一個人至少要裝兩瓶熱水。

直到有一天，「寢霸」捧著一本校刊踱向我，假裝凶狠的樣子問道：「這篇文章是你寫的？」

「對啊。」

「小子，文筆不錯。以後不欺負你了，教我寫作文吧。」

後來，我終於可以少裝一瓶熱水了。

無獨有偶，高一時隔壁班有個女生，某天突然跑到我面前說：「你是文學社的西門？挺喜歡你寫的文字的，交個朋友吧？」

我漸漸發現，雖然我沒有什麼過人的才能，但是在舞文弄墨上多少有點天賦。

從某種程度來說，寫作之於我的意義，就像翻花繩之於大雄。

關於高中，還有一件令我記憶猶新的事。有一段時間，教學技巧很爛的W老師總在課堂上給我們下馬威。正值青春期的我，壓根兒理都不理她，只管低頭看自己的書。

她輕咳一聲後，拔高音量說道：「有些同學啊，上課就愛看閒書。我奉勸這位同學一句，少看一點，對你的成長沒什麼好處的！我說的就是第四排中間的那位同學！」

所有人都把目光投向了我，有些人準備看我的笑話，有些人則替我捏了一把汗。

在眾人的注視下，我掏出了一本《卡夫卡短篇小說集》。

W老師臉一綠，沒收了我的書後迅速轉頭，結結巴巴地說了一句：「下……下課來我的辦公室！」

下課後，我搖來晃去地走到W老師的座位前，乖乖立定。她把書還給了我，順手又給我一張購書卡：「卡夫卡的書，還是回家看吧，那樣才能看得深。對了，我看過你寫的雜文，觀點很犀利。你的想法比同齡人要深刻一點，這很難得，接著加油吧！」

那一刻，我突然訝異地發現——原來做一個和文字打交道的人，是會贏得這世界的溫柔的。

開通公眾號之後的兩個月，我一直在思考一個問題——我的公眾號定位，到底和別人有什麼不同？

有一晚，一位讀者在留言裡問我：「西門君，我發現自己沒法喜歡上別人，別人都說我有病。我……真的有病嗎？」

聽到此話，我如坐針氈。忽地想起林清玄先生在他的書裡提過一種鳥，叫作「查塔卡」。

牠們只在雨天唱歌，只飲雨水。如果很久沒下雨，查塔卡就會停止歌唱。如果更久沒下雨，查塔卡就會集體死亡。

鮮有人能理解查塔卡，就像鮮有人能理解同性戀、不婚族、性單戀[1]（Lithromantic）、頂客族……

他們和普通人並無不同，非要說有什麼不一樣的話，他們只是特殊了一點點。可是這個社會許多不友好的輿論，經常把他們壓得喘不過氣來。

就像你們聽到「西門」二字，第一個想到的就是「西門慶」，對嗎？

可我，偏要直接面對所有刻板印象和教條主義，我取名「西門君」就是要讓所有人知道，不是所有姓西門的人，都是西門慶。

《深夜食堂》的男主角靠美食治癒他人，《從你的全世界路過》的陳末靠聲音治癒他人，而我，選擇靠我最擅長的文字治癒他人。

雖然你可能喝到碗底才發現，這是一碗毒雞湯。

但是，那又何妨？管它是不是毒雞湯，只要它能夠暖和你的胃，別猶豫，痛飲便好。

1 編注：網路流行詞彙，目前還沒有任何文獻或心理組織承認；通常用來指對某人產生好感，卻不希望從對方獲得情感回應的人。因此，這類族群的戀愛發展可能會因對方做了情感回應而斷絕。

目錄

## 第四章
# 新時代情侶「黑話」指南



## 第五章
# 你的英雄之所以蓋世，不過因為你的世界太小

目錄

## 第七章
# 沒意思的不是工作，是你



## 第八章
# 父母是我們今生今世最大的負擔

目錄

第十章
## 我的才華不是拿來取悅你

# 第一章
# 有你真好，沒你也行

讓我用四個字形容愛情就是，「重在參與」。

——靜島（中國年輕世代作家）

# 你不喜歡我的樣子，真的很迷人

「我甩了某某某。」聽到小妮說出這句話的時候，我還以為自己的耳朵出毛病了。

「那個你追了五年的學長？他跟你表白了？」

「對，在我幾乎快要放棄的時候，有一天他突然約我出去吃飯，然後無比溫柔地說了一句『其實這麼多年，我對你也不是毫無感覺的。以前是我錯過了你，從今以後，我不想再錯過你了』。」

「那你應該高興啊！怎麼又放手了呢？」

「一開始我確實感到又意外又驚喜，但是隨著交往的深入，他在我心中完美的形象一點點地崩塌了——原來他也會說髒話，也會想著和我發生關係，肚子上也會有肥肉。我真的接受不了啊！」

「這……」我一時無言以對。

「最重要的是，我受不了前段日子還對我冷若冰霜的一個人，轉頭就成了無微不至的暖男，甚至……還有點黏人。」

小妮皺了皺眉頭，眼神裡充滿了蕪雜的情緒。「Lithromantic（性單戀）。」我輕聲地嘀咕了一句。

「什麼？」她不解地看著我。

我說：「你就是典型的Lithromantic。」

＊＊＊

「知道一種叫Lithromantic的性取向嗎？就是你對某個人產生好感後，當他對你有同樣感情後，你就會討厭這種感情，甚至不再喜歡他。」

「Lithromantic」翻譯成中文，叫作「性單戀」。

第一次聽到這個概念的時候，我整個人是傻的。若是自己暗戀的男神女神反過來倒追自己，燒香慶祝都來不及，居然還會殘忍地拒絕對方？怎麼可能？

直到後來，我看了一部名叫《偷情》（*Closer*）的電影，這才意識到「性單戀者」在這個社會的存在。

電影的主角，丹，樣貌英俊、討女人喜歡，是一個脆弱而敏感的人。他懂得愛、追求愛，但其實，他不相信愛。雖然他愛安娜，也愛愛麗絲，但他最愛的，還是自己。

丹算是渣男嗎？嚴格意義上講，他不算，他只是不知道怎麼發自肺腑地去愛一個人而已。他一定也想過和愛麗絲廝守終身，只是他心裡的那層業障，無法輕易地被抹去罷了。

「性單戀者」的愛情，難以用世俗的戀愛觀去解讀和評判。與其說這是一種性取向，不如說這是一種後天的認知偏差。這種認知偏差往往始於單戀者一方，他們會從自己的角度去仰視對方的優點，在幾乎完美的自我幻想中獲得高潮。

但當對方給予回應，反向示愛時，性單戀者會在察覺到對方的缺陷和弱點之後，表現出極度反感的情緒，嚴重的甚至還有噁心的感覺。當然，還有一種可能是他們認為「自己配不上對方」，接受這段戀情會「褻瀆」了對方。用《壁花男孩》中的一句台詞描述就是：「我們只接受自己認為配得上的愛。」

「性單戀」的成因有很多，比如多次表白被拒後失去信心、自身條件不足而導致的自卑、受過感情創傷而留下了陰影……

對於性單戀者而言，喜歡的人就像鏡中花、水中月，是掛在蒼穹中的璀璨的星辰，只可遠觀，不可褻玩。

至於在一起什麼的，拜託，想都不敢想好嗎？

＊＊＊

心理學家把人們在親密關係中的表現分為四種：依戀型（安全型）、迴避型、矛盾型和混亂型。

矛盾型的嬰兒，會因為母親的離開而極度焦慮，但是當母親回家的時候，他們又會表現出難以解釋的冷淡。

具有這種矛盾性格的人，長大便有可能成為性單戀者。

與其說性單戀者渴望占有自己喜歡的人，不如說他們更享受追獵的過程。眾所周知，人們看到喜歡的人時，大腦會分泌多巴胺，於是我們便會心跳加速，熱血沸騰。大多數人是在得到情人芳心的那一刻，多巴胺分泌達到最高點。而性單戀者恰恰相反，越得不到就越想要，而倘若真的得到了，便心生倦怠之意。

毫不誇張地說，當性單戀者愛上一個人的時候，悲劇就已然埋下伏筆了。

美國喜劇動畫《馬男波傑克》（*BoJack Horseman*）裡有一段台詞說得特別痛心：「看到一個人真實的樣子，其實會讓人覺得很親切，但那種親切的感覺並不好，就像看到你媽媽哭一樣。看到有些人的真實樣子，會讓你覺得很難過，好像他們幻滅了。」

我曾經在網路上看到過一個性單戀者發表的貼文，標題叫作《我受不了我喜歡的人在我面前放屁》。是的，他們害怕自己心目中那個完美無瑕的人，其實最真實的樣子也和自己一般不堪。

除此之外，性單戀者習慣了做感情中的弱勢一方，習慣了用滔滔不絕的愛來滋潤對方，習慣了把悲傷獨自嚥回肚中。要是突然有一天，對方告訴他們：「我們對調一下，你來做強勢的那方，換我來喜歡你。」這種身分上的強行扭轉，是有可能讓性單戀者的三觀（人生觀、世界觀、價值觀）直接崩塌的。

蕭伯納說過，人生有兩種悲劇，一種是沒能得到心愛之物，另一種是得到了。

也許，得不到的才是最好的吧。因為得不到，才有了近乎完美的臆想。為了這個臆想，人們情願肝腦塗地，赴湯蹈火。而一旦臆想成為現實，他們也許就會像「馬男」說的那樣，有種幻滅的感覺。

如果可以，請你接受我的愛，但不要接受我。因為你不喜歡我的樣子，真的很迷人。

# 我在探探上遇到了前女友

昨天杭州天氣不錯，下午我一個人在運河邊瞎溜達，走得兩腿酸痛之後，我坐在長椅上歇了歇腳。滑完即時動態和微博，一陣百無聊賴的感覺向我襲來，唆使我打開了多年沒用過的「探探[2]」。

「這個小姐姐好好看，那個小姐姐的腿好長！」我一邊往右滑，一邊忍不住地感慨。滑著滑著，一個熟悉的面孔把我嚇了一跳：「我的天，這不是 Elena 嗎？」

Elena 是我前女友的名字。

我揉了揉眼睛，確認自己沒有看走眼——這仿佛被狗啃過的瀏海，怎麼修圖還是很明顯的嬰兒肥，加上非主流的拍照手勢，絕對是她！

問題來了，我要不要往右滑？

2 編注：中國大陸一款根據地理位置尋找交友對象的手機社交應用程式，對喜歡的對象往右滑，不喜歡的往左滑，操作方式類似於美國的「Tinder」。

「算了吧，都是前任了，你還想啥呢？再說了，萬一配對失敗，多丟人啊。」

「自信一點，萬一配對成功呢？說明我魅力不減，人家還對我念念不忘呢！」

兩個聲音在我腦海裡同時湧現出來。經過一番激烈的內心掙扎後，我還是選擇了往右滑。

然而，並沒有顯示配對成功。

一陣蕪雜的情緒掠過我的心頭，淡然中透露著些許無奈。

「也許，她只是還沒有滑到我吧。」我憨笑著自言自語道。

這時，從我面前經過一個五十歲左右的大媽，她瞟我的眼神像是在看地主家的傻兒子。

＊＊＊

我曾經問過前任，為什麼微信名叫作 Elena。她說：「公司裡的人都是用英文名互相稱呼的。我的中文名土土的，英文名當然要有格調了！」

「那你可千萬別叫我的英文名……」

「你英文名叫啥？」

「Ben……」

因為這個 Ben，我被她嘲笑了一年多。

我和 Elena 在一起的時間並不算長，所以令我印象深刻的甜蜜往事並不多，晚上講故事給她聽，哄她入睡算是其中一件。她的睡眠品質很差，經常大半夜打電話給我。雖然有時候特別不爽，但是沒有辦法，自己的女朋友，我不寵誰寵呢？

分手以後很長一段時間，我午夜幾乎寫不了任何文字，生怕想起她。

我打從心裡清楚，這份睹物思人的怯懦，無關痛癢，也不摻雜任何所謂的殘情。我只是在等待一個習慣慢慢自行消退罷了。

這就好比，我看到家樓下的早餐店拆了，懊惱了一分鐘後，便沒心沒肺地接受了這一事實。

也許，這就是放下了吧。

誠如網路上一段勵志文所言：分手的真正結束，不是看一個人的回憶有多長，而是看悲傷有多長。等有一天，你再回憶起這段關係的時候不會感到悲傷，也沒有其他的抗拒情緒，這段關係才算是真正結束了。

＊＊＊

不知道從什麼時候開始，在自媒體大行其道的時代裡，罵前任成了一件「政治正確」的事。

「一個合格的前任，應該和死了一樣。」

「前任和狗掉水裡，我會去救狗。」

如果一篇文章抒發了對前任的懷戀，作者一定會被粉絲們強烈抨擊：

「分都分了，你還對前任依依不捨是幾個意思？怎麼？念念不忘還琢磨著必有迴響呢？」

所以你會發現，幾乎每個情感公眾號都曾吐槽過前任。

然而，西門君就想弱弱地問一句：「戀愛的時候天雷地火，分手之後卻用各種難聽的字眼抹黑前任，朋友，你的良心不會痛嗎？」

現代男女關係中一個很諷刺的現象是，互撩時候說的情話，遠沒有分手後甩的狠話多。

兩人分手後，彼此間最恰如其分的態度是什麼？這確實是個難題。

說記得吧，顯得太浪蕩；說早忘了，又顯得太薄情。

在我眼中，前任就好比我走路時踩到的一根釘子，很痛，以後我走路都會提防著路上的釘子，繞道而行。可能很久以後，我已經不記得當時踩得有多痛了，然而那根釘子，永遠都在。

很喜歡《樹上的父親》裡的一句話：放下一個人不是要你忘了他，而是換一種不折磨自己的方式去想念。

＊＊＊

就個人而言，我是沒辦法和前任做朋友的，因為實在掌握不好合適的距離。

在一起的時候，我可以牽著她大搖大擺地過馬路。可現在，車子從遠處駛來，我的本能告訴我應該摟住她，可我的理智大呼這樣不妥……我應該怎麼辦？

薛之謙的《紳士》中有一句歌詞特別哀傷：我想給你個擁抱，像以前一樣可以嗎？你退半步的動作認真的嗎？小小的動作傷害還那麼大。

哪怕再次相見，彼此也已是最熟悉的陌生人。為了避免尷尬，還不如再也不見。

當然，你要我恨她，也是恨不了的。因為恨自己愛過的人，是對那段美好時光的一種汙蔑和踐踏。就像《分手男女》裡面說的那樣：不要去恨一個你愛過的人，不要追問分手的理由，不要懇求復合的可能。轉個身，讓自己快樂，那才是最真的。

Elena，衷心希望你過得比我好，但是……也別好太多。

# 世上哪有「直男癌」，他不喜歡你而已

好友雯雯經常跟我吐槽自己的男朋友小楚是個「鋼鐵直男癌」，不懂怎麼哄人。

印象最深的一次吐槽，令我啼笑皆非。某天雯雯來「大姨媽」，疼得在床上打滾的時候，正好她的快遞到了，而且還挺重的。她強忍著疼痛把包裹抱上了樓，一邊癱倒在床上，一邊打了通電話給在外地的男友，本想求點安慰，結果你們猜她男友說了什麼？

「我的寶貝不愧是女漢子！」

如果我是雯雯，可能早就給對方一巴掌了。

「這次他更過分。」雯雯發來一堆微博的截圖給我，「你看，這個微博是他前女友的帳號，他有事沒事就和她互動，甚至為了避免引起我的懷疑，還設定了『悄悄關注』！」

我翻了翻那個女人微博底下的留言，一股曖昧的氣息撲面而來。

「一個人出去玩要注意安全啊。」

「生日快樂！送你的聖羅蘭口紅喜歡不？」

「你是不是瘦了？這件衣服很合適你啊。」

一行行留言看下來，我的笑容逐漸消失。這還是雯雯口中那個不懂體貼人的「直男癌」嗎？這分明就是一個行走的「大豬蹄子」啊！人前是憨厚老實的豬八戒，人後就成了風流倜儻的天蓬元帥，兩副面孔把雯雯耍得團團轉，我真是服了。

以前我們總是安慰雯雯：「他不懂安慰你只是不知道怎麼表達比較好，他沒回你消息是有其他的事情在忙，他和你吵架可能是最近壓力太大了……總之，你還是他無可替代的心頭肉啦。」

可是事實上，除了雯雯，我們幾個朋友都清楚一件事——這世上哪有「直男癌」？不過是他不夠喜歡你罷了。

＊＊＊

以前辦公室裡有個程式設計師，我們叫他剛哥，他是個典型的理工男，大家只知道他有個女朋友，卻從未曾見過其廬山真面目。我們有時候嚴重懷疑，他的人生字典裡壓根兒沒有「情調」這個詞彙。

某次吃飯聊天的時候，大家起鬨說想看看剛哥女朋友的照片，他直接來了一句：「我真沒有，連合照也沒有，而且她的動態貼文是設定僅展示三天的。」

剛哥入職一年多了，他女朋友的長相仍舊是未解之謎。

今年情人節的時候，大家八卦地問他為女朋友準備了什麼禮物，他耿直地回答道：「女朋友說情人節不需要什麼禮物，兩個人開心就好。」

大哥，是個傻子都能聽出來你女朋友只是假撒嬌吧？

就在我以為他真的是「直男癌」的時候，卻在某天瀏覽朋友的即時動態時，滑到他和一個女生合拍的藝術寫真照，那姿勢、那眼神，絕對是情侶無疑了。

我揉了揉自己的「鈦合金狗眼」，反覆確定自己沒有標註錯人名。在我們的逼問下，剛哥坦承這是他剛交往一個月的女朋友。我們一臉傻地說道：「剛交往……一個月的……新女朋友。」

讓我們震驚的還不只這事。

從前剛哥在即時動態發得最多的是遊戲戰績，而現在，除了工作相關，百分之八十都是和女朋友的溫馨日常。

從前他常常是下班走得最晚的一個，現在卻經常硬著頭皮和老闆申請要回家加班。甚至從前分不清化妝和素顏區別的他，最近也會來問辦公室女生，近來最熱門的口紅是什麼。

「我們直男不懂這些。」如果有男生和你說這話，千萬別信，這是世上最大的謊言了。他們只是裝作不懂，或者懶得去懂而已。

為什麼？很簡單，因為「你」不值得啊。

＊＊＊

作家李碧華在《胭脂扣》裡說，真實的東西是最不好看的。確實如此，因為真相往往都是銳利且不堪的。

這也是為什麼，許多女孩寧願粉飾自己男人漏洞百出的藉口，也不願面對對方已經移情別戀的事實。

「他不是不愛我，他只是沒有浪漫細胞，一定是這樣的……」這種自我麻痹的話語，你一定曾經也說過。

經典的愛情電影《他其實沒那麼喜歡你》（*He's Just Not That into You*）中，酒吧老闆 Alex 曾一針見血地告訴女主角 Gigi 一個真相：「如果一個男人不打電話給你，對待你就像他毫不在乎一樣，那麼他是真的完全不在意你的，沒有例外。同樣地，如果一個人想見你，相信我，他會來見你。」

Gigi 委屈又傷心，但還是抱著一點希望繼續追問道：「但如果我就是這個例外呢？」酒吧老闆 Alex 立刻搖頭：「不，你不是，根本不是。事實上，你是個典型。」

有多少次，你以為對方很喜歡自己，只是不知道怎麼表達，對方每次漏回的訊息，吝嗇的讚美，從不遷就的態度，都被你一次次自我安慰地無視掉。以為自己是被人愛著的感覺太過美好，好到你不願打破這個「夢」。

然而故事的結局，大多證明你的愛情其實只是國王的新衣——而且你還不願做那個正視現實的小孩。

如果你有個每分鐘跟他說話都要原諒他三十次的「直男癌」男友，別以為這是他的天性，他就是單純不喜歡你而已，千萬不要勉強自己和他湊合。

真正愛你的人，哪怕無法讀懂你的心，也會卯足勁揣測你的言外之意。

# 請你告訴我，分手幾天再談才不會被責罵

我的微博好友Abby是一個放閃狂人，經常動不動就洗版面。

「今天男朋友帶我去吃旋轉餐廳了，開心！」

「你送的聖羅蘭口紅，我超喜歡，麼麼噠。」

……

還能不能給我們這些「單身狗」留點活路了！

說實話，一開始我確實有封鎖她的衝動，但是一想到還得開通微博會員，也就作罷了。

然而過了個把月後，我驚愕地發現，Abby依舊在習慣性地放閃，只是旁邊的那個男生……好像換人了……

八卦的我點進了她的個人主頁，過濾掉那些膩歪的聊天記錄，有一則微博讓我感慨良多——「請你們告訴我，分手幾天再談才不會被責罵？」

我大概可以想像，她「無縫接軌」的舉措，招致了許許多多的猜疑和謾罵，萬般無奈

之下，她只得發了這則微博表明自己的態度。經典電影《愛是您‧愛是我》裡有一句台詞是這麼說的：當你想要和某人共度餘生時，你只會希望餘生快點開始。

當你離開了錯的人，想儘早和對的人擁抱真愛，這無可厚非吧？

我不確定Abby是否有足夠的勇氣去熬過流言蜚語，但可以確定的是，合照上她和現任露出的笑容，是一種斬釘截鐵式的幸福。

＊＊＊

冒哥和小潔分手的時候，我的內心是發傻的。想當年好朋友們幾個都追求窈窕淑女，均以失敗告終，最後反而被半路殺出的冒哥抱得美人歸。你分手就分手吧，讓我不能忍的是，分手沒隔幾天，冒哥就有了新歡。

有一天我和冒哥在網咖聯機上線、玩「王者榮耀」的時候，我各種花式「送人頭」（放水）給對面，徹底激怒了冒哥。

「你這是什麼意思？」他猛地站了起來。

「沒什麼意思，我『菜』不行嗎？」我別過頭去，給了他一個不屑的眼神。

我倆沉默著對峙了足足有兩分鐘，最後他摔「機」而走。晚上我接到一個電話，一看聯絡人，冒哥。

「喝酒來不來？我請。」

「不去。」

「外加一頓小龍蝦。」

「在哪兒？」

我搭計程車到宵夜攤的時候，發現冒哥正一個人鬱鬱獨酌著。

他朝我打了個招呼，然後遞了個開瓶器過來。我略帶尷尬地開了瓶酒，默默地自罰了一杯。

「冒哥，今天下午不好意思，是我衝動了。」

他朝我揮了揮手，表示不用放在心上。

「對了，我和你說個事。」

「什麼？」

「雖然你們可能很難相信，但真相是，小潔劈腿了。」

我懷疑自己的耳朵失靈了，剛斟滿的杯中酒一下灑了半桌子。

「小潔的事過去了，我不想再提。現在這個女孩，早幾年就倒追過我，她是真心喜歡我，一直在等我回歸單身。我現在離開傷害我的人，和她在一起，怎麼了呢？」冒哥一邊嘆氣說著，一邊擦拭著桌面。

我看著他五味雜陳的神情，一時語塞，只得埋頭咀嚼著小龍蝦。

俗話說，當局者迷，旁觀者清。事實證明，這句話大多時候是扯淡。旁觀者不清楚真相，沒有經歷過事件雙方的愛恨情仇，有什麼資格去揣測甚至去評判當局者看似荒唐的選擇？荒唐的，明明是旁觀者啊。

＊＊＊

對於在工作和感情上「無縫接軌」的做法，說實話一開始我也難以苟同。但是後來漸漸地理解了，工作上「無縫接軌」不過是為了生計，感情上「無縫接軌」也自有其苦衷。

如果可以保持連綿不絕的幸福，誰還會願意換來換去的？

可總有「道德守衛」們，占領道德的制高點，對於一切他們看不慣的痴男怨女，指手畫腳，口誅筆伐。

像Abby和冒哥這樣幾乎沒有空窗期的行為，絕對會被他們扣以「生活不檢點」的帽子。

對於這些「道德守衛」，我特別想心平氣和地說一句：「人家自己的私生活，關你屁事啊！」

況且我想問，一星期的空窗期算太短？半年呢？半年又可以了？那到底具體分手後過多少天，我談一段新戀愛才不會讓您覺得隨便呢？很多人戀情結束，沒能及時接上新軌，恐怕是因為根本沒有新軌讓他接吧。

花希在《奇葩說[3]》裡講過一段特別令人有共鳴的話：「人生弔詭的地方在於，你往往最心動的時刻，都是在沒有準備好的時候遇到。而當你準備好一切的時候，很難找到當時心動的那個瞬間了。」對啊，一生之中，我們真正怦然心動的時刻少之又少，加以珍惜，何錯之有？

我一直堅信，人生是由一個個節點的幸福組成的。每一段戀愛之間，應該是彼此獨立存在的。舊愛於我，我於舊愛，都是過去式。而在新歡面前，我是嶄新如初的自己。

「人言」有什麼可怕的，錯失真愛才可怕。

菲利普・貝松在《與往事說再見》（*Se resoudre aux adieux*）裡有一段是這麼說的：「愛是在懸崖上走鋼索。盡頭有一個溫柔而平靜的聲音說：『往前走，繼續往前走，不要怕，你會到的，我就在這兒。』」

在我看來，從舊愛邁向新歡的人，都是走鋼索的人。只有擱下了往昔的枷鎖，才能避免自己粉身碎骨的結局。

3 編注：中國第一個說話達人選秀節目。

無論鋼索是長是短，走鋼索的人都不應該受到指責。畢竟，他們明知犧牲後會墜入萬丈深淵，卻依舊選擇了一往無前。

而我們，誰又不曾是走鋼索的人呢？

## 男朋友送我的 SK-II 是「團購」來的

「西門君，你幫忙評評理，這件事是不是我小題大做了？」我在公眾號收到了這樣一則來自讀者的留言。

「怎麼了？」

「上個星期我生日，男朋友送了我一套 SK-II 的禮盒，起初我還特別興奮，但拆開包裝我就傻眼了，雖然外觀和正品很像，但是仔細一看，明顯是山寨貨。我壓抑住情緒，試探性地問男朋友是從哪兒買的，他笑著和我說：『前段時間我看到同學群組裡有人在湊 SK-II 的團購，一看價格還行，就買啦。』」

螢幕這一端的我聽完，哭笑不得。

「然後我當然就生氣了啊，」她接著吐槽道，「你說這種用在皮膚上的東西，怎麼可以隨隨便便地湊團購買呢？」

「那你是在 Diss（吐槽）湊團購的軟體嗎？」

「也不是……哎呀，反正我就是很不爽，看著那套山寨的SK-II，用也不是，丟也不是，煩死了。」

她的吐槽讓我想起《奇葩說》裡一位辯手的話：有時候讓你絕望的不是禮物，而是男人。

＊＊＊

我個人沒有用過湊團購的App，所以不好評價它的好壞。但是怎麼說呢，忍不住還是會鄙夷那些明知道是山寨貨還去購買的人。

這份鄙夷，倒不是來自什麼莫名的優越感，而是長久以來的費解。

首先，購買山寨貨，就直接或者間接地助長了市場的不正之風，導致劣幣驅逐良幣，好東西反而無人問津。

其次，山寨貨的價格固然便宜，可是代價呢？用壞了還是小事，可如果因此傷了身，那可就得不償失了。

當然，每個人的生活方式和經濟狀況不同，我沒有資格去臧否他人，只是，我尊重你省錢的理念，也希望你尊重我質疑的權利。

回到那個女讀者的困惑，我的回答是：不算小題大做。你想，和一個將「浪漫」視為形式主義而敷衍行之的男人過日子有什麼意思？

我分析了一下，這個男生之所以會送女朋友山寨貨，有兩種情況。第一，他是真的不懂 SK-II 或者其他輕奢品的市場價，這是輕微「直男癌」的表現。

第二，他明知道這是山寨貨，但是為了省錢，所以還是選擇團購，這個就很過分了。

無論是哪一種，女方生氣都是合情合理的。

談戀愛最尷尬的事，就是我比你聰明，還得在你面前裝傻子。

作為局外人，我沒有立場去揣測男方的動機，只是作為男性同胞，我覺得這件事完全可以做得更加妥當。

比如，把這筆錢拿來請對方吃一頓浪漫的燭光晚餐，比送什麼花俏的東西都實在。

對於女生來說，對方送的禮物折射出的是他的誠意和態度。

誠如《慾望師奶》裡的一句台詞所言：「無論身心多麼疲憊，我們都必須保持浪漫的感覺，形式主義雖然不算好，但總比懶得走過場要好得多。」用心的禮物才是禮物，不用心的禮物都是任務而已。

＊＊＊

每個人的生活方式不同，無所謂誰高貴誰低賤。好比同樣是去天安門，開賓士的並不比騎單車的人厲害多少。

但問題是，如果你明明吭哧吭哧地騎了一身汗，還硬要說是自己的賓士空調壞了，那就是自欺欺人了。

上次我參加一個新媒體線下沙龍，我們幾個年紀相仿的自媒體人交談甚歡，聊著聊著，我的朋友 Alen 指了指一個哥兒們的鞋問道：「嘿，你這雙 AJ 看著很貴啊，官網好像至少賣八千人民幣吧？」

那個哥兒們臉色一窘，連聲說道：「還好還好，朋友從國外帶的，不貴不貴。」

沙龍結束後我約了 Alen 吃火鍋。吃到一半，他突然蹦出來了一句：「那雙 AJ 是高仿[4]的。」

「啊？」我聽完一臉傻。

「雖然連裝飾的細節都模仿到了，但是那個光澤反射得未免有點過了。」

「你的意思是，他故意穿A貨裝樣子？」

「那倒不一定，只是我看著特別難受。他的本意是想博得認可，然而不幸被我這個內行看見了，你說我到底誇還是不誇呢？」

4 編注：指高度仿真的假冒商品。

我沉默了一下，發現好像怎麼做都不妥。

不誇你吧，覺得不給你面子，誇你吧，又違背了我的良心。

換個角度說，那些被誇的人其實內心也是忐忑不安的。因為他們知道自己是以次充好，所以每次面對讚美的時候，他們在喜悅的同時，也是心虛的。更嚴重者，甚至還會覺得對方是在諷刺自己。

「哎喲，您這香奈兒的包包，莫非是那個天價限量款？好羨慕呀。」「呵呵，謝謝。」

因為一個小小的山寨品，弄得你尷尬，我也尷尬。

雖然，不能一竿子打翻一船人，說穿A貨的人都天生愛炫耀，但是至少他們潛意識裡，或多或少，有虛榮的成分在。

虛榮本身並不是什麼貶義詞，但是你把假貨掏出來耀武揚威，把其他人都當猴子耍，那就是你的不對了。

你花十塊錢人民幣囤一百包衛生紙，那是你的自由，我無意吐槽，恰恰相反，我還會猛誇你會過日子。

可你若是為了省錢，或者純粹出於摳門，團購送我一件以次充好的禮物，那就沒有必要了。

畢竟，收到山寨貨還得假裝驚喜若狂這件事，真的很考驗演技啊。

第二章

# 我有子孫滿堂的願景，也有孤獨終老的覺悟。

不用擔心，你們中的很多人一輩子都不會遇見你夢想的真愛。只會因為害怕孤獨地死去，而選擇隨便找個人互相飼養。

——塞內卡（古羅馬哲學家）

# 你懷孕了？沒辦法，那就結婚吧

「我下下個月結婚了，你倆一定要來啊。」

聽到阿良的這句話，德哥夾在筷子裡的撒尿牛丸掉在了鍋裡，濺了我一身湯。

「你這什麼情況？太突然了吧！恭喜恭喜！」德哥一邊大聲說著，一邊遞給我餐巾紙。

阿良機械地回了一句「謝謝」，滿臉五味雜陳的表情。

「怎麼了？有難言之隱？」我試探地問道。

「都是自家兄弟，我還是跟你倆坦白了吧，」阿良輕嘆道，「婚期之所以這麼趕，是因為沫沫……懷孕了。」

我和德哥面面相覷，不知道該怎麼接話。

「那個……」德哥試圖緩解尷尬的場面，「為啥不能慢慢地安排婚禮啊？這可是人生的頭等大事啊！」

「我也這麼勸過沫沫，可她說：『婚禮當天是一個女人最美的日子，讓我挺著大肚子結婚？賓客們怎麼看？我才不要那樣！』」

我迅速回憶了一下自己參加過的婚禮，好像還真沒看到過挺著大肚子結婚的新娘。

＊＊＊

「如果你女朋友懷孕了，你會結婚嗎？」阿良問德哥。

「廢話啊，這是一個男人最基本的擔當吧！」

「那如果她並沒有懷孕，只是虛驚一場呢？」我追問道。

「呃……」他面露難色，「那還是先談著吧，順其自然。」

這應該是男性同胞們的普遍真心話吧。

不知道從什麼時候開始，「奉子成婚」變得越來越流行，我身邊年紀相仿的朋友、同學中，有三分之一之所以結婚都是因為女方肚子大了。

說實話，西門君對奉子成婚倒也沒有什麼偏見，就像知乎上的一個網友說的那樣：

「兩個人在相愛和條件允許下奉子成婚，是水到渠成和緣分到了的雙喜臨門。」

可問題在於，你永遠不知道驅使你倆步入婚姻的，究竟是愛情，還是孩子，或是……愧疚。

說一個我的女性讀者的真實故事。出於對她隱私的保護，我們就叫她小妖吧。

小妖用驗孕棒測出自己懷孕的那天，她興沖沖地打電話給男朋友 Jason，結果你猜怎麼著？

Jason 嚇得差點從凳子上摔了下去。

「我帶你去醫院，我們再認真地檢查一次，這種事，可不能出半點差錯啊！」

聽聞此言，小妖的心已經涼了一半。

「我問你，如果我懷孕是真的，你娶不娶我？」

「娶……當然娶啊！」Jason 緊張得結巴了起來，「雖然我覺得我們倆還沒有成熟到能當父母，但我們也不能就這樣打掉孩子，對吧？」

對於自己男朋友的反應，小妖是這麼解讀的：「直覺告訴我，他的語氣充滿了無奈和埋怨。」

最終，他倆還是登記結婚，並且把孩子生下來了。可惜好景不長，這段婚姻以「男方出軌被小妖抓姦在床」而畫上了終止符。

小妖半憤怒半心碎地質問 Jason：「為什麼我為這個家犧牲了這麼多，你還是選擇背叛？」

「你說呢！我當年和你結婚，還不是因為有了琦琦（他們的孩子）！」Jason 咆哮道。

就這樣，兩個人徹底分道揚鑣，孩子的撫養權最終歸到了小妖那邊。

聽完這個故事，我和你們的感受一樣，一邊心疼小妖，一邊怒斥 Jason 的行徑。

然而，閱讀了一些婚姻類的書籍後，我對此類事情的看法有了全新的視角。

我竊認為，人應該在什麼樣的年紀去扮演什麼樣的身分，不要「越俎代庖」。比如你二十三歲之前就安心讀書，二十三歲之後就踏實工作。不是說倒過來不行，只是那樣可能會讓你兩頭力不從心，結果兩頭都辦不好。

一樣的道理，很多男人連丈夫的角色都勝任不了，你卻讓他先一步晉升為奶爸，這不是「強人所難」嗎？

＊＊＊

值得玩味的是，如果你問那些奉子成婚的小夫妻為何急匆匆地結婚，多半會得到一個大同小異的回答：「當然是因為愛啊！」

也不奇怪，人類往往會高尚化自己的行為，在婚姻這件事上也不例外。

部分「奉子成婚」的家庭結構，往往是由一個「內疚的男方」和一個「缺乏安全感的女方」組成的。

前者「內疚」的原因一目了然——由於自己「沒及時煞住車」，讓女方過早地面對十月懷胎之苦，男方的心底難免會滋生一種伴著內疚的責任感。

而後者，則通常會比其他女性更缺乏安全感，因為從懷孕伊始，她們擔負的就是兩條生命了。漸漸地，這種求生的本能外化成了對男性的依賴。

一開始，雙方組建起的家庭的天平是平衡的，可是隨著歲月的流逝，男方的愧疚感會逐漸消退，對家庭會越來越不放在心上，而女性卻由於體內母性光輝的覺醒，情況與男方剛好相反。長此以往，天平從失衡走向崩壞也只是時間問題了。

在離婚這件事上，受傷更多的是女方，這應該沒有爭議吧？畢竟一個單親媽媽可比一個單親爸爸過得艱難多了。

此外，還有一個受害者我們也不能忽略，那就是孩子。他的出生是一個意外，這就註定了某種程度上在父母的潛意識裡他是一個累贅。

一家人幸福美滿還好，一旦發生什麼家庭變故，或多或少會在孩子心裡刻下一道陰影。

我曾經在網路上看到過一段虐心的對話。

「媽媽，你當年為什麼會和爸爸結婚呀？」「因為你。」

「那，媽媽為什麼又會和爸爸離婚呢？」「還是因為你。」

想來也是荒誕，兩個成年人犯的錯，憑什麼讓一個孩子背黑鍋呢？

嘮叨了這麼多，西門君最後奉勸各位一句：在沒有做好結婚準備之前，做好安全措施吧，你至少是在拯救三個人的命運。

# 我把他當丈夫，他卻只把我當女朋友

「我把他當丈夫，他卻只把我當女朋友。」在公眾號收到這則讀者留言的時候，我下意識地看了一下她的頭貼。

沒記錯的話，她在一年前就曾經發過微博私訊給我。

「我和男朋友已經戀愛長跑五年了，但是他絲毫沒有娶我的意思。我昨天又旁敲側擊了一下，他面露難色地說了一番話，言下之意就是，他還沒有準備好。」

我當時就一針見血地指出，這個男人擺明了是在搪塞和拖延什麼，明顯心裡有鬼，你最好提高警惕。

令人無語的是，她聽聞此言，反倒義正詞嚴地開始為自己的男朋友辯護：「哎，他只是工作遇到了瓶頸期啦……先立業再成家，為婚姻奠定經濟基礎，沒毛病啊。如果他真的不想結婚，幹嘛和我糾纏這麼多年？」

到最後我都懶得回覆她了，心裡默念四個字：無藥可救。幾個月前，她又留言給我，她說自己被甩了。

「他跟一個富二代女生相親後火速結婚了！真是渣啊！」語氣中透露著滿滿的懊悔。然後，她就發了開頭的那一句話。

當時我就「呵呵」了。這個社會中許多感情的悲劇，其實都是源於一幫傻女孩自己摳瞎了眼睛。

真正愛你的人，是不忍心消耗你的青春的。他們至少會預告你一個期限，也許是三年後，也許是一年後。

＊＊＊

戀愛最美好的結局就是步入婚姻殿堂，這一點，應該沒有什麼爭議吧？

唯一可能有爭議的是，有些人覺得在戀愛的時候，結婚大業應該提前規劃，有些人則比較佛系，覺得「從戀愛過渡到結婚，順其自然就好」！

對此，我的態度是：兩種想法都沒有錯，但是，除非你倆協商好同當不婚族，不然如果你從來不提結婚這碼事，或者壓根兒沒有考慮過結婚，那這就是單方面的欺騙。

舉一個我的童年玩伴A的例子。

A的女朋友B崇尚浪漫主義，恨不得每天都過天雷勾動地火的日子。但是A是一個有點奉行「性冷淡」主義的人，所以你可以想像，他倆每天的爭執會有多大。在爭執的矛盾之中，兩個人最大的分歧就在於「何時結婚」這件事上。

B眼看自己的年紀越來越大，加上家裡人的瘋狂催促，所以她各種向A明示暗示自己對於婚姻的渴望。放眼A這邊，卻是一副滿不在乎的姿態：「結婚證書不過是一頁紙，結婚是遲早的事，何必搞那麼匆忙？」

無奈之下，B忍痛選擇了分手。我們問她為什麼，她就回答了三個字：「沒希望。」別小看這簡短的三個字——「有希望」，你對這段感情的投資才有意義。

當你詢問男朋友明天要不要登記結婚的時候，比起他的回答，更重要的是他的態度。

如果他微笑地點頭，那麼恭喜你。如果他堅決地搖頭，那麼心疼你。

如果他遲疑地不置可否，那麼建議你……趁早分了吧。

也許在他眼裡，和你結婚是一種負擔。既然如此，不如給他「減負」，轉頭去找一個更有可能給予你幸福的男人。

沙林傑說過一句名言：「幸福是一種靜止的狀態，而快樂則如流水般易逝，這就是幸福與快樂之間最大的區別。」

而婚姻，正是能將幸福維持在靜止狀態的最佳容器之一，所以，那麼多都市男女擠破頭地想步入婚姻殿堂，不是沒有原因的。

但有些事，你急不來，也急不得。比如你的對象沒考慮結婚，某些時候或許是你自己的問題。可能在他的眼裡，你尚未達到「伴侶」的標準。

這是一個殘忍的現實，但你要學著心平氣和地接受，而不是一味指責抱怨……講真的，這些毫無意義。

正視自己在對方眼裡的價值，正視自己身上的缺點。畢竟，你的結婚對象是對方，而不是自己，你覺得自己做好準備了，不代表對方就非得和你亦步亦趨。

不過，如果你倆在一起有段時間了，而且你確實急著結婚，那我的建議是——為自己設一個期限，可以是幾個月，也可以是大半年，讓自己變得更加優秀。比如，瘦個五公斤，改掉任性的壞習慣，學做點家常菜等。

在這個期限內，明眼人都看得出來，你已經竭盡所能地去預演一個妻子的角色，如果這時候他依然無動於衷的話，請你果斷放手。外面還有大把優秀的男人供你選擇，沒有必要吊死在一棵樹上。

你最終的目的是有底氣地去挑選結婚對象，而不是把自己當作滯銷貨強行推銷出去。

女孩們，請你們相信，你們遲早會遇見這麼一個男人，你以為自己只是他的女朋友，可是他早已默認你是自己未來的妻子。

# 我二十三歲，被親戚們催婚三十二次

「你都多大了，還不考慮結婚？想啥呢？」

「你看村裡那誰，孩子都會幫忙買醬油啦！」

「大姑也是為你好，為什麼就不聽呢？」

……

這些話，二十五歲以上的年輕女性一定都不陌生。是的，這就是典型的「中國式催婚」。

面對催婚，不同人有不同的態度。有些人可能當作耳邊風，忍忍就過去了；有些人可能特別往心裡去，火急火燎地找對象；有些人可能脾氣火爆，當場就頂嘴回去了。

要西門君看來，哪一種都不是最好的方法。

忍還是該忍的，畢竟都是親戚，低頭不見抬頭見。當然，該回嘴的場合也別憋壞了自己。只是「怎麼優雅地回嘴」，絕對談得上是一門藝術。

比如，微博上有個被催婚的女生，她的回應話術就很值得我們借鑑：「我非常感謝各位長輩對我個人問題的關心，但是我自己的終身大事我自己有數，不會因為哪位親戚的幾句話就妥協。做人貴有自知之明，如果誰越過了我的底線，傷到了我媽這樣溫柔善良的女人，就算是親戚我也不會給面子的，望周知。」

既表明了自己的態度，又委婉地謝絕了親戚們的熱忱，她不卑不亢的態度，堪稱「教科書級別」的反催婚大法。

對於有些親戚，你以為婉拒他們就結束了？太天真了，這只是他們「魔鬼式催婚」的開始。

＊＊＊

關於「催婚」這個老生常談的話題，正好我最近聽到兩個故事，忍不住一吐為快。第一個故事，是關於前同事霞姐的。

霞姐是典型的東北大妞，性格豪爽，辦事從不拖泥帶水，深受同事們喜歡。

有一次公司團體出遊，我好奇地問她，為什麼千里迢迢地從長春來杭州打拚，是不是覺得杭州發展前景無限之類的。

她沉默了一小會兒，斬釘截鐵地說，「不，是為了躲婚。」

這下子，換我尷尬地沉默了。

她表情凝重地說：「我前兩年在老家工作，被各種親戚催（婚）得受不了了，我想想，杭州環境比較好，所以第二天我就拎著箱子坐火車過來了。」

「這樣子……看你手上的戒指，戀愛了？這樣回去也有交代了吧。」

霞姐摩挲著戒指，搖搖頭：「不，恰恰相反，我更焦慮了。和前任在一起的時候，我嘴賤透露給了家人，這下可好，他一臉傻地被我從杭州拽到了老家的炕上。」

「然後呢？」

「我們才在一起兩個月，本來感情基礎就不牢固，加上他又被我家『催婚團』的陣勢給嚇到了，回杭州不久後我們就分手了。」

我曾一度以為，「有親戚」是人們會選擇一座城市定居的原因，可頗為諷刺的是，「親戚」二字，恐怕反而成了許多人背井離鄉的助推器。

對了，後來霞姐還是結婚了。

你可能覺得，這是好事，該恭喜啊。起初我也是這麼覺得的，直到她在秀完婚紗照的那天下午，又發了這麼一則值得玩味的即時動態：「人生大部分的事情，不是我們能決定的。但是既然決定了，那就笑著接受吧……」

第二個故事，來自我的讀者小蝶。

小蝶的主修科系是土木工程，今年剛剛畢業，看照片是一個相貌平平，有點內向的女孩子。

說實話，她一開始沒有引起我太多的關注，直到有一天，她突然留言給我：「西門君，我被催婚了，該怎麼辦？」

我一愣：「你是一九九五之後出生的，才二十三歲，就被催婚了？」

她回了一個「嗯」字，然後發了一堆聊天截圖過來。看完，我倒抽一口冷氣。

短短幾天的對話，出現「結婚」「找對象」「生孩子」等關鍵字的次數，就接近了十次。

「你這樣被催婚多少次了？」

「數不清，三十幾次有了吧。因為親戚家離我家就兩條馬路的距離，所以經常會家庭聚餐，然後就……你懂的。」

你們說好不好笑，一個二十三歲的女孩子，居然已經被催婚了三十多次，搞得我現在看身邊同齡的「剩女」朋友，難免帶著一絲絲的同情——她們得被催過多少次啊！

弔詭的是，中國女性法定結婚年紀是二十歲。這意味著，你大三就能懷孕了，大四就能抱著孩子去準備畢業了。

有人覺得這是一種溫馨，西門君卻覺得這是一種悲哀。因為社會有個不成文的共識，女性超過法定結婚年紀越久，她的個人魅力價值就越低。

仔細想想，這是很荒謬的。一個女人的存在意義，憑什麼要用一串數字去判斷？

＊＊＊

平心而論，我相信大部分三姑六婆催婚的初衷是不壞的，她們盼望你有個幸福的歸宿，同時也圖個家族的「人丁興旺」。

但是另一部分親戚，他們內心的真實想法，恐怕就要打一個問號了。

用知乎上一位網友的話說，「當人們談論和督促你婚姻大事的時候，他們內心深處是有一種優越感的，這種優越感源自對你的關心。因為關心大多數時候是由上至下，由強對弱的。這是一種居高臨下的姿勢」。

翻譯一下就是：「你看看你好慘，都沒人要。比起闔家歡樂的我們，你真該反思反思！」

也許有人質疑說，這是一種對人性的惡意揣測，對此，我不否認。只是，世間多少惡毒，不都是假借「關愛」之名嗎？

面對催婚，一味地逃避是沒用的。躲得過初一，躲不了十五，還不如一開始就擺明你的態度，哪怕收效甚微，至少產生了震懾的作用。怕就怕，你把親戚的催婚當客套，他們把你的沉默當默許，許多家族鬧劇就是這麼埋下伏筆的。

關於對「結婚」這件事的態度……我送各位一句話吧：「結婚從來不是你的生活，只是你人生的一個選擇。」

共勉。

# 我休產假沒有收入，老公卻堅持跟我平分帳單

你永遠也不知道，一個每天和你同枕而眠的男人，究竟可以多麼冷漠。

前天看到一則新聞，一位叫作陳芸的女士，她和老公一直堅持「婚姻平分帳單制」。生完小孩後，她在家休產假，沒什麼收入，本想讓老公支付這幾個月的開銷，但對方答應的同時，要求陳小姐日後賺錢還給他，不然就讓她找自己的父母要。陳小姐事後還補充說：「老公月入一萬五人民幣，並不缺錢。」

看到這則新聞後，閃過我腦海的第一句話就是諸葛亮的那句「我從未見過如此厚顏無恥之徒」！

婚後堅持平分帳單制本來就夠奇葩的了，你個男人居然還有臉趁老婆懷孕的時候「放貸」？你怎麼不再收個利息呢？

對於這個男人的做法，網友們一邊倒的吐槽。其中一位叫作「圓圓狂魔C醬」的網友就留言說：「現在的人，怎麼自私成這樣了？對於女人來說，不管是身體健康還是個人前程

方面，生孩子都是一件吃虧的事。就算完全不講情分，從僱傭角度來說，人家為你犧牲這麼多，你多少也要給報酬吧！」

我覺得，每個家庭有每個家庭的婚姻觀，無可厚非。只是，規矩是死的，人是活的，用冷冰冰的協定去衡量婚姻的價值，真的妥當嗎？

請人代孕生孩子還要幾十萬呢，怎麼到了自己老婆這裡，反而開始鼓吹男女平等了？真搞不懂，這種「冷血」的老公，要來何用。

＊＊＊

在愛情裡，所有的計較都是因為不夠愛。

之前「付辛博和穎兒婚後平分帳單制」的話題，一度上了微博熱門搜尋排行榜。為此，付辛博還特地發了微博道歉和澄清。

不過網友們對此並不買帳。因為付辛博在《妻子的浪漫旅行》節目的收官之際，對幾個來賓大倒苦水：「穎兒參加節目之後，就回去問我要提款卡了。」

脾氣火爆的應采兒聽到後，當場回嘴：「錢花不花不重要，重要的是我有。老娘有錢，幹嘛非要花你的錢？」

簡直太酷了！

說起應采兒，就不得不提「山雞哥」陳小春。和銀幕上看似「凶神惡煞」的形象不同，他在家裡算是個不折不扣的「妻管嚴」。

有多「妻管嚴」呢？用陳小春自己的話說：「我結婚的第一句承諾，就是把收入全部上交。」

有些人吃飽了撐著的為陳小春「打抱不平」：「一個七尺男兒，賺那麼多錢，給自己留點又有什麼關係？」

然而，當一個男人愛一個女人愛到痴狂的時候，別說薪水了，連生命都願意奉獻。

反之，當一個男人不夠愛一個女人，最典型的表現，就是「摳門」和「斤斤計較」。

塗磊在某一集《愛情保衛戰》中說過這麼一段話：「生活中有兩種男人。第一種男人很討厭女人跟自己談錢。他覺得現在拜金的女人太多了，搞得婚都結不起。第二種男人會主動跟女人談錢。他認為把一個女人娶進家門，房子、車子、婚紗、戒指等物品都應該由男人來承擔。讓一個女人過上不為經濟發愁的好日子，是自己應該肩負的責任。」

一個男人願不願意把錢和自己的女人分享，也許不是衡量愛的唯一尺規，但絕對是最有效的尺規之一。

＊＊＊

回到文始的那則新聞，我們之所以無法接受陳女士老公的行為，是因為他把「公平」置於了和另一半的「親密關係」之上。

像這樣的男人，連結婚時候都跟你平分帳單，那麼可想而知，假設有一天你們不幸分開了，他一定會把彼此的財產劃分得一清二楚。

我們為什麼會覺得電視劇《前任3》裡的「了斷局」很搞笑？因為情侶間很多東西本來就是共用的，或者說是「難分彼此」的。那些把財產甚至責任劃分得涇渭分明的人，內心絕對是自私的。

姜思達在《奇葩說》裡有一句金句：「歧視不單單是惡語相加，歧視也是劃分你我。」

如果每個家庭都這麼「錙銖必較」，我們可以腦補一下那個畫面有多荒唐。

今天我買了一瓶醬油，所以你必須明天買一瓶醋，價格差不能超過一塊錢。

孩子上半夜把我吵醒了，所以下半夜你也別想睡得安穩。

你送我一個生日禮物，我很感動，查了一下多少錢，支付寶轉給了你。

我可以理解「婚姻平分帳單制」的初衷，是為了建立所謂「公平」的機制，如此一來，哪一方都不能輕易占另一方的便宜。可是，「公平」從來不意味著「合理」。

一個男人外出賺錢的辛勞，與女人為了生育和撫養孩子做出的犧牲相比，根本不可相提並論。

你之所以不願意把薪水交給另一半，無非兩個原因：第一，你不相信自己；第二，你不相信對方。無論是哪個原因，都是在抹殺愛情中最基本的兩個字——信任。

一段只知道算計，沒有了人情味，連基本的信任都喪失的婚姻，不過是一具徒有其表的空殼而已。

遙想當初，你當著親朋好友的面發誓：「不管貧窮還是富有，健康或是疾病，我願意和她相親相愛，一直到老，直至死亡。」

可是如今，當她因為懷孕陷入經濟窘迫的時候，你卻選擇了用最冷漠無情的方式回應。

她把你當作丈夫，而你從始至終，不過是把她當作同個屋簷下的租客而已。

# 當然是選擇原諒她啊

前段時間，公司差點上演了一場鬧劇。

我的兩個同事，A和B，為了副主管的位置爭得頭破血流。為了抹黑對手，B甚至在辦公室散布謠言，說A的私生活不檢點，「而且她還勾引未遂，笑死了」，氣得A衝到B的座位前欲給其一巴掌。

幸好其他同事及時攔住了A，這才沒有釀成大禍。

此事驚動了總經理，他把兩人叫到會議室調解，語重心長地勸說B向A道歉。看在總經理的面子上，B不情不願地說了句「對不起」。

但戲劇性的是，無論對方怎麼道歉，總經理怎麼打圓場，A都堅持選擇不原諒。

事後，我們好奇地問A為何如此決絕，她義正詞嚴地答道：「有人觸犯到了我的底線，我憑什麼要去原諒她？我沒這麼賤。」

說得太好了。

回想我們的日常，是不是經常被人勸說「要大度一點」？

「其實她對你也蠻好的，這一次就原諒她唄！」

「他都道歉了啊，原諒他吧，退一步海闊天空嘛。」

「您大人不記小人過，就忘了這件事吧！」

似乎對方只要道歉，受害者身上所有的傷疤都會逐一淡去，就跟從沒有受過傷害一樣。

呵呵，別再自欺欺人了。道明寺說過，如果道歉有用，還要警察幹什麼？

＊＊＊

《奇葩說》中談到「原諒」這個話題，馬東和蔡康永表現出了截然相反的態度。

馬東說：「隨著時間的流逝，我們終究會原諒那些曾經傷害過我們的人。」

蔡康永回答：「那不是原諒，那是算了。」

蔡康永這句話，顛覆了我對人世間「恩怨觀」的看法。

我之前一直崇尚佛教的觀念：原諒那些傷害你的人。因為如果你不願意寬恕，執念會持續傷害你。

可是，弄皺了的紙無法攤平，打過結的繩子始終有痕跡，傷害不僅是既成事實，而且受害者還因此留下了難以磨滅的心理陰影，逼他說一句「我原諒你」，談何容易？

在美劇《馬男波傑克》裡，有這麼一段劇情：波傑克去探望他年輕時候的合夥人赫比，赫比自從當年被波傑克背叛後，身體狀況江河日下，隨後不幸患上了癌症。波傑克充滿悔意且誠懇地向赫比致歉，然而後者卻面無表情地回應道：「你是在道歉嗎？」

「是，對不起。」

「好吧，我不原諒你。」

「赫比，我說了對不起。」

「我知道，我說我不原諒你。」

直到赫比生命終結的最後一刻，兩個人也沒有冰釋前嫌。

老師和父母從小教育我們，你要感謝生命中每一個傷害你的人，是他們讓你強大，讓你成熟。

可是對不起，我做不到。

我憑啥要感謝那些傷害我的人？如果可以，我希望他們被「天打雷劈」，因為惡有惡報。

我沒有去打擊報復他們，已經是我最大的善良了。

對於初戀的背叛，我花了好幾年的工夫，才讓自己從起初的怒不可遏到現在的泰然處之。

如果你問我現在還在不在意，我會回答「不在意」。但是如果你問我原不原諒，我會堅定地告訴你：「不原諒。」

這是兩碼子事。我不在意，是因為經過時間的洗禮，我放下了。但是，她讓我留下創傷是不可否認的事實，我沒有任何理由去原諒她。

小說《房思琪的初戀樂園》裡有一段話我特別喜歡：「忍耐不是美德，把忍耐當成美德是這個世界維持它扭曲秩序的方式，生氣才是美德。」

當我們撫著傷疤，強行原諒那些本不該被原諒的人與事時，無疑是讓自己遭受二次傷害。

＊＊＊

很喜歡金城武在《喜歡你》裡的一句台詞：「我最討厭別人和我說對不起，我還得假惺惺地表示原諒！」

我是一個凡夫俗子，心胸狹隘，記仇，對於那些傷害過我的人，我實在無法昧著良心選擇原諒。況且，他們也不配被我原諒。

魯迅先生就曾直言：「歐洲人臨死時，往往有一種儀式，是請別人寬恕，自己也寬恕了別人。我的怨敵可謂多矣，倘有新式的人問起我來，怎麼回答呢？我想了一想，決定的是──讓他們怨恨去，我也一個都不寬恕。」

大部分施暴者祈求原諒的時候，不一定是在真心地懺悔自己的過錯，更多的，不過是為了替自己不安的內心打一針安慰劑罷了。

我曾經在公眾號裡寫過這麼一句話：「你的每次原諒就是一次放縱，最終只會讓那個渣男更加肆無忌憚。」

反過來，如果你不去原諒，對方就會心有餘悸，內疚就會像一根刺一樣，時時刻刻扎在他的良心上。不用去憐憫，這是他自作自受，罪有應得。

不是每一句「對不起」，都能換回「沒關係」。下次，如果有人和你說「對不起」，請你這麼回答他：「對不起，我不接受你的『對不起』。」

有些事可以原諒，有些事永遠不能也不應該被原諒。唯有選擇不原諒，才是對自己磨難歲月最好的交代。

而這，才真的叫作「放過自己」。

# 第三章

# 最好的愛情，是我和你情同手足

好的愛情就是，你會一次又一次地愛上對方，每一次都好像是第一次。

——周蘇婕（作家、編劇）

# 最好的愛情，是我和你情同手足

不怕你們笑話，西門君曾經上過江蘇衛視的一個相親節目：《新相親時代》。節目裡，根據慣例，孟非會問每個男嘉賓的擇偶觀。當時我是這麼回答他的：「我嚮往的愛情，是我和你情同手足。」

全場一半人譁然，另一半人做費解狀。

正好，我就藉這篇文章，解釋一下什麼叫作「情同手足般的愛情」。

二〇一六年我生日那天，我毫無懸念地又被損友們輪流「轟炸」了。當時醉意已微微上頭，正想舉起酒杯，當時的女朋友小Y一把搶過去，痛飲而盡，把在場的人都看傻眼了。

當時，我腦子裡充斥著一句話：「我去，就是她了。」

她在西塘駐唱過，所以在喝酒這事上，從不拖泥帶水。

有一次我笑著調侃她：「你就不能偶爾裝個小柔弱什麼的嗎，搞得別人看我倆不像情侶，更像兄弟。」

她高傲冷淡地翻了一個白眼：「對啊，帆哥，該你喊骰子了。」

猶記得我倆確定關係的第一天，聊著聊著，她突然遞給我一根萬寶路。我驚愕地問道：「原來你抽菸啊！」她酷酷地吐了個煙圈，瞟了我一眼：「對啊，怎麼了？你現在反悔還來得及。」

我自然不服，接過菸點起來，回嗆了她一句：「你這麼酷，以後還不是要我照顧你。」

「不。」她嚴肅地正視我，「我們互相照顧。」

從她的眼神裡，我看到了一份可貴的坦誠。這份真性情，讓我有一種和兄弟們置身一室的錯覺——大家把酒言歡，不去顧慮什麼繁文縟節。

＊＊＊

我見過很多「行屍走肉」般的愛情，兩人在大眾視線前卿卿我我，如膠似漆，但是回到家後，同床異夢，各懷鬼胎。

很多時候，你和另一半之間只顧著男歡女愛，從不曾像摯友那般打開心扉暢談到天明。

很多人應該還對那部電影《史密斯任務》有印象吧？

片中約翰．史密斯和珍．史密斯是一對讓人羨慕的夫婦，但是日子趨於平淡之後，兩人的感情開始有了間隙。有一天，兩人分別執行任務時候才發現，原來與自己朝夕相處的另一半，居然都是背負著暗殺任務的祕密殺手！

如此黑色幽默的劇情，我看完之後，完全笑不出來。

試想一對情侶，夜夜同床，卻不曾窺見對方的靈魂，那是一件多麼可悲的事。

究其原因，是現在太多的男女，彼此之間只是情侶，從不曾是朋友。

我不建議把最好的朋友變成戀人，但是倘若一切已成事實，就理應待戀人為最好的朋友，甚至情同手足。

所謂手足，便是彼此信任之至，沒有重大的祕密需要隱瞞。

小祕密說不說無妨，因為人都需要一定的自我空間，但假使隱瞞了攸關兩人利害的大祕密，便是「不義」。

因為你倆情同手足，她才會安心地奔赴異國他鄉，苦修求學，沒有太多的心理負擔。

因為你倆情同手足，他才敢把提款卡交給你，不用恐慌自己成為下一個冤大頭。

因為你倆情同手足，彼此都心照不宣——在義字當頭的江湖，背叛，是要付出代價的。

很喜歡電影《失戀三十三天》裡的一段台詞：「一段感情裡，在起點時我們彼此相愛，到結尾時，互為仇敵，你不仁我不義。我要你知道，我們始終勢均力敵。」

＊＊＊

有一集電視節目《奇葩大會》，一位叫趙大晴的女孩回憶起和前夫的「婚約」，令全場「老奇葩」淚奔。

「我們一起去迪士尼樂園，當眾跪在米奇、米妮面前，特別認真地說了一段：『皇天在上，后土在下。不求同年同月同日生，但求同年同月同日死。』」

我嚮往這種愛情，愛你就像愛兄弟。

小時候我不解為何張無忌選擇趙敏而不是周芷若，長大之後重翻《倚天屠龍記》，似乎找到了答案。

周芷若一生，在張無忌面前百般矯揉造作，搞得後者時常摸不清前者心思，這就罷了，她僅僅為了一本祕笈，就殺朱兒、害謝遜。試問哪個男人會喜歡這般心腸歹毒、陰晴不定的女子？

再反觀趙敏，義薄雲天，典型的江湖女俠，願意為了張無忌放棄地位，背離家人，不帶一絲猶豫。用她自己的話說：「我偏要勉強。」

為了替張無忌爭取時間，儘管實力懸殊，她也要和武當三俠拚招。張無忌倒在十二番僧的掌下，是趙敏以名節和性命相逼，張教主才撿回一條命。

回想起那些張無忌和趙敏比肩作戰的畫面，你會不會覺得他倆特別像「雌雄雙俠」？一命搭著一命，就像手足之間血濃於水，永生永世也絕不分離。

我嚮往這種愛情，愛你就像愛兄弟。今日酣飲論人生，他日仗劍走天涯。

「皇天在上，后土在下。」倘若兄台背叛，天地齊誅。

「不求同年同月同日生。」過去未曾相識，不甚重要。

「但求同年同月同日死。」要死，我就死在你的手裡。

願你和他，親如姐妹，情同手足。一拜天地，二拜高堂，夫妻對拜，四拜把子。

# 做「舔狗」有什麼不好

最近我經常看到讀者群有人在討論「舔狗」，一開始西門君沒弄明白，還以為是愛狗人士的某些親密舉動……後來一問才知道，原來「舔狗」是指「明知道對方不喜歡自己，還一再地、毫無尊嚴地用熱臉去貼冷屁股的人」。

我翻了翻相關的文章，蹦出來的標題特別「辣眼睛（慘不忍睹）」，不是說「舔狗不得House」就是說「舔狗最後一無所有」，聽上去好像「舔狗們」犯了什麼滔天大罪似的。好奇心驅使著我點進去看了看……真是不看不知道，一看眼淚掉。

這簡直就是當年西門君的悲慘故事啊！

不過話說回來，現在社會崇尚自由戀愛，「門當戶對」的那一套早就被摒棄了。有些人在戀愛中「位高權重」，自然也有人在戀愛中「低如塵埃」。

就因為你比我優秀且不喜歡我，就要剝奪我追求你的權利嗎？憑什麼？

弔詭的是，如果對調過來，一方以高高在上的姿態去追求另一方，非但不會被抨擊，而且還會被謳歌。比如什麼「霸道總裁愛上了灰姑娘」的故事，絕對會在網路上被傳為一段佳話。

從高維度追求低維度就可以，從低維度追求高維度就不行？朋友，你是小說《三體》看多了吧。

還記得《仙劍奇俠傳》中酒劍仙和彩衣的那段對話嗎？酒劍仙說：「你這樣做不值得。」彩衣答：「沒有值不值得，只有願不願意。」

只要我問心無愧，就算做一隻「舔狗」，我也心甘情願。

＊＊＊

「舔狗」經常被人吐槽的一點是：「愛得太心酸，追得太辛苦，結果還未必好，圖什麼呢？」

仔細想想，潛台詞是不是在說「如果沒把握追到一個人就不用追了，大家都很忙，不要浪費雙方的時間」？

西門君弱弱地說一句，正是因為有這種思潮，所以現在「速食式愛情」才會越演越烈。

我在知乎上看到一個男生因為自己追了半年的女生突然轉頭喜歡其他人，於是他就上網吐槽女方，言辭之中盡是對這個女孩子的不滿。

「老子追了她半年，她告訴我她忘不掉她前男友，我說我願意等，然後昨天她告訴我，她又找了一個男朋友。」

半年很久嗎？你發個年終獎金都要等一年，你哪來的信心覺得真愛分分鐘可以搞定？

相比之下，我發現「舔狗們」的愛可謂「石破天驚」。他明知道你不喜歡他，卻「明知山有虎，偏向虎山行」。蠢嗎？夠蠢。賤嗎？夠賤。

可他為什麼依然選擇了「蠢」和「賤」呢？因為他愛你啊，愛到願意為你如瘋如魔，上刀山下火海，撞了高牆也不回頭，見到了黃河心仍不死。

是的，包括我在內的許多人，都接受不了「舔狗們」的「無自尊無底線」和「熱情過了頭」。但是請你冷靜想想，他們是為了誰才摒棄了尊嚴？是為了誰才在寒冬臘月燒起一把火？

該被吐槽的，從來不是「舔狗」，而是那些在感情裡不願意付出一絲的溫度，卻又渴望真愛降臨的「冰山」。

＊＊＊

某種程度來說，《倚天屠龍記》裡的趙敏也算是「舔狗」，那句響徹雲霄的「我偏要勉強」，你一定聽過。

明知不可為而為之，這聲「偏要勉強」是不是和「舔狗們」如飛蛾撲火般的行徑如出一轍？

自己委屈到不行的時候，心上人卻在旁邊冷眼相看，趙敏放聲大哭的情景，是不是像極了「舔狗們」遭受白眼和冷漠時的情狀？

「張無忌跨上一步，左右開弓，便是四記耳光。趙敏在他掌力籠罩之下，如何閃避得了？啪啪啪啪四聲響過，兩邊臉頰登時紅腫。趙敏又痛又怒，珠淚滾滾而下……張無忌左手圈出，右手回扣，叉住了她項頸，雙手使勁，趙敏往後便倒，咚的一聲，後腦撞在大殿的青石板上。」

被心上人誤會，見面就是四個響亮的耳光，隨後不聽她的解釋，還要掐脖子殺了她，就這，她也都忍了下來。甚至，趙敏還為了張無忌與家族決裂，拋棄了榮華富貴。試問現在的「舔狗們」，有幾個能做到這個地步？

誰都是父母手心裡捧著長大的寶貝，更何況是金枝玉葉的趙敏郡主，遭受這樣的待遇，趙敏當然也會憤怒難過。

但是，因為在愛情裡受了傷，暫時處於劣勢，她就放棄了嗎？別人我不知道，但趙敏沒有。

憑著那股「我偏要勉強」的倔勁，趙敏最後終於洗刷了冤屈，「逆襲」成功，並且贏得張無忌為她畫眉一生的完滿結局。

沒人會說趙敏是個「舔狗」，人們只會說，她這種對愛情近乎癲狂的偏執，是敢愛敢恨。

一位哲人曾經說過，哪怕只有百分之一的希望，也要賭上百分之百的努力。努力不一定會成功，但是不努力，絕對不可能成功。

＊＊＊

還有一類人，他們明明愛對方愛到可以奉獻出自己的生命，可是由於「自尊」的束縛，他們打死也不會去做「舔狗」。到了晚年回溯人生的時候，只得空懷懊惱與苦悶。

比如，大家熟知的《哈利波特》裡，哈利波特的母親莉莉是石內卜教授的終生摯愛，石內卜甚至願意為了守護哈利波特犧牲自己。連他最後的遺言，都是盯著哈利波特的眼睛說：「你有一雙和你母親一樣的眼睛。」

可是，即使深愛如斯，高傲的他卻罵過莉莉是「泥巴種」，莉莉因此與他決裂之後，他卻再也沒有找過莉莉去解釋些什麼。再一次相見，已是陰陽兩隔，他抱她入懷，失聲痛哭。

如果當初他肯放下姿態，和莉莉和解，甚至做一隻「舔狗」，事情會不會和現在不一樣呢？可惜，再也沒有「如果」了。

「舔狗」也許確實愛得太心酸太卑微，但至少那意味著他們還在乎愛情。有些人自認為看透了所有愛情的規則，因而把自己保護得很好，不會為一個人牽腸掛肚，不會在聊天中出糗尷尬，更不會難過傷心，但是他們也永遠不會再體會到那樣熾熱的愛了。

做「舔狗」並不可悲，真正可悲的，是你再也不敢為喜歡的人一腔孤勇了。

別害怕在感情裡做一隻「舔狗」，所有的委屈和愁悶，終將苦盡甘來。就像張愛玲說的那樣：「卑微到塵埃裡，才會開出花來。」

# 嘿，我是你的七十分男孩

每個女孩都渴望一個一百分男孩。

你來「大姨媽」的時候，他不會讓你多沾一滴酒，誰敢來灌酒，他一杯杯全部擋下。

他會在你的生日親自下廚，讓你在朋友面前賺足面子。

他相貌俊朗，家境殷實，或熱愛健身，或飽覽群書，經常拉上你來一場說走就走的旅行。

而這個他，就像是《我可能不會愛你》的李大仁，《單身男女》中的方啟宏，《初戀這件小事》中的阿亮學長，可遇不可求，令你只敢遠觀，不敢有一絲的妄想。

有一個段子是這麼說的：「什麼是男神？就是你看一眼就知道此生和你無緣的男人。」

在「前仆後繼」的競爭者面前，你打起了退堂鼓。

＊＊＊

你尋思著，不如降低標準，找一個八十分的男孩吧。

他們雖不像一百分男孩那樣完美無瑕，但是他們知道怎麼逗女孩開心，也知道怎麼表現得像個紳士。

聽著還挺不錯的，對吧？但是有一個不大不小的問題，這些八十分男孩，全都覬覦著九十分女孩呢。

他們知道自己未來還有升值的空間，所以乾脆賭一把去追求更高分的女孩。失敗了也沒關係，反正可以回頭找你呀！

你心灰意冷，看透了一切，果斷放棄了八十分男孩。

＊＊＊

不久以後，你遇見了七十分男孩。

那是在你閨密舉辦的聖誕派對，相貌平平的他獨自坐在角落喝酒。起初，你甚至都沒有注意到他。

酒過三巡之後，他斗膽向你要了微信。你思量了一下，覺得多個朋友總歸是好事，便欣然應允了。

這之後，七十分男孩每天有意無意地找你聊天，你禮貌性地回了幾句，並不是很放在心上。

偶爾你也會答應他的邀請，赴約吃飯或者看電影。看到他嘴笨漲紅臉的模樣，你忍俊不禁。

過了一段時間後，七十分男孩表白了（你絲毫不感到意外）。他說在自己的眼裡，你就是百分百女神。

「不知所措」的你，沒有答應也沒有拒絕，丟下他倉皇而去。

他對你這麼好，你並不是毫無感覺，只是內心深處有一個聲音總是在縈繞——「我值得一個更好的男孩。」

＊＊＊

不甘心將就的你，又回頭去找八十分男孩，因為你發現自己其實一直忘不了他。

命運弄人，你本來只是抱著試試看的心態，沒想到他竟微笑著對你說：「其實我關注你很久了，我們在一起吧。」

欣喜若狂的你，確定自己遇到了Mr. Right，三天兩頭地放著閃，恨不得全世界都看得到你的幸福。

「那個七十分男孩怎麼辦？」有一天，你最好的閨密突然問起。「哦，你不提我都快忘了他了。我都有了八十分男孩了，還管他幹嘛？」

可惜好景不長，有一天你偶然發現，自己的男朋友還在和那個九十分女孩保持著聯繫。

那一刻你幡然醒悟，當初那個不願意將就的自己，和眼前這個心猿意馬的男孩又有什麼區別呢？

你不吵不鬧，提出了分手。無論八十分男孩怎麼苦苦挽留你，你都下定了決心。

後來，你開始作賤自己，抽菸、喝酒、泡夜店，「無所不能」，遇見幾個想「撩」你的五十分男孩，你上去就是一巴掌。

面對鏡子，你被憔悴的自己嚇了一跳，「原來……我不再是那個風光正好的八十分女孩了。」

＊＊＊

你不是沒想過，這輩子就這麼湊合湊合，一個人過也行。未曾料到，那個七十分男孩又出現了。

不過，準確地說，他現在是七十五分男孩了。他拿到了教師資格證，也念到了研究生，整個人的氣質如脫胎換骨一般。

「Hi，好久不見，這些年你還好嗎？」

「不太好，你呢？」

「我也是。自從那天你不告而別，我就一直過得很糟。」

你笑了，他也跟著笑了。

後來你從朋友那裡得知，七十分男孩打了四年的光棍。你心裡一陣愧疚，找他暢聊了一宿，傾吐了這些年的酸楚。

他心疼地抱著你，就像抱著一塊稀世珍寶。在剎那間，你才恍惚明白，當年的自己是多麼自私和愚蠢。

他帶著你一起夜跑，一起報日語班，一起研究怎麼做出好吃的東坡肉。

他說，感情不僅僅是兩個人一起慢慢變老，更是兩個人一起慢慢變好。

有了愛情的滋潤，加上生活作息的改善，你驚喜地發現，你又變回那個八十分女孩了——當然，現在應該叫你八十分女人了。

＊＊＊

我的故事說完了。

其實，這世上哪有什麼真的百分百男孩和百分百女孩。

我愛你，你在我眼裡就是滿分，我不愛你了，你在我眼裡就是不及格。

誰都害怕將就，但是比起「將就」，更可悲的是「錯過」。就像《馬男波傑克》裡的那段經典台詞說的那樣：

「塔妮莎，沒人能讓誰完整，這種事情不存在，如果有幸遇到能湊合忍得了的人，就用盡全力抓緊，無論如何都不要放手。沒錯，就是將就。因為不將就的話，你會一點點變老，生活會變得更艱難，你會更孤單，你想方設法要填補內心的空虛，用朋友、用事業、用毫無意義的性愛，但是內心的空虛依然還在。直到有一天，你看著自己的周圍，發現每個人都愛你，但是沒人喜歡你，那將是這世上最孤單的感覺。」

女孩，你好，我只是一個七十分男孩，但是請相信，我對你，是百分之百的喜歡。

# 女生嫌棄的不是你窮，而是在你身上看不到希望

有時候，男人真的會不自知到「令人髮指」的地步。

學妹淼淼和她的男友白哥分手了，她原以為兩人是好聚好散的，不料事後對方居然特地發訊息來譏諷自己。

「就因為我沒有一份高大上的工作，就甩了我？呵呵，說白了，你不就是嫌我窮嗎？那你滾去找個富二代吧！」

淼淼說，這則微信讓她覺得又氣又好笑。

生氣的原因是，自己被前男友認為是拜金女，這簡直是赤裸裸的人格侮辱。

好笑的原因是，白哥以為兩人分手是因為自己嫌他「窮」，卻不知道真實的原因，是自己在他身上看不到一絲的希望。

「我對他已經徹底死心了。」淼淼一邊握著咖啡杯，一邊嘆著氣。男生們永遠不會知道，一句「對啊，我就是嫌你窮」的背後，包含了女生多少的心酸與絕望！

＊＊＊

每一個沒有安全感的女孩背後，都有一個不求上進的男人。

淼淼和白哥是大學時候在一起的。尷尬的是，這是一場橫跨幾千公里的異地戀。白哥在海南上大學，而淼淼在四川念書，每次放假兩人都會相約旅遊。可不知為什麼，旅途中大大小小的費用都是淼淼支付的。

白哥對此的解釋是，他母親是個標準的全職太太，家裡只有父親在賺錢。不像淼淼父母都是做生意的，家境殷實。「這方面你多擔待，我也是家庭原因使然，抱歉啦。」

一開始淼淼還有點「不服氣」，畢竟從小到大自己都是被當作公主來寵的。但是瞭解到男朋友的真實家境後，出於一絲的同情和狂熱的愛情，淼淼逐漸接受了這個設定。

在諸如情人節或者耶誕節的時候，淼淼總會盡可能地送白哥他喜歡的東西，比如知道白哥是遊戲迷，淼淼就送了個人民幣七百多元的機械鍵盤。

而白哥呢，送淼淼的那些毛絨玩具，甚至連車縫線都是不齊的。我甚至都懷疑，它們是淘寶人民幣九塊九包郵或者是商家附送的。

白哥經常掛在嘴邊的話是：「我現在沒錢，等以後有錢了，一定替淼淼買好的！」

彼時沉浸在愛情中的淼淼，聽不進去我們這些朋友的勸阻，天真的相信著白哥所說的每一個字。

畢業之後，兩人的分歧逐漸顯現。

淼淼在父母的安排下進了一家公司，待遇和社會地位方面都很不錯。可是沒過兩年，她卻表示自己想再出去闖蕩一下。

「這裡的待遇是不錯，可要想在杭州扎根發展，絕對是遠遠不夠的。」

「別鬧了！你現在這個工作福利多好，多安穩，我想進都進不去呢！」白哥不僅不支持淼淼的想法，而且在工作上也沒什麼追求，拿著四千多人民幣的薪水就心滿意足了。每天下了班回家就在電腦遊戲前「生了根」，就連他最基本的居家環境都是淼淼在打理。

淼淼曾想過藉著親戚的關係，幫白哥換一份雖然累一點但薪水高的工作。但是，她剛一開口就被白哥給頂了回去：「要我求你那些趾高氣揚的親戚？不可能，男人都是要面子的。再說了，我現在這工作不挺好的嗎，雖然薪水少，但是清閒啊。」

之後兩人的爭執越來越多，有一次白哥又拿淼淼「是不是嫌棄他窮」來吵鬧，淼淼終於忍無可忍，提出了分手。

事後，我問她後不後悔，她用小說《源泉》裡的一句話回答了我：「在所有合適的關係中，從來都不存在一方為另一方做出犧牲。我已經為他付出得夠多了，我問心無愧。」

***

白哥的窮，不僅僅是錢財之短，更是源於他心智與性格上交雜的自卑與自負。換言之，他窮得「理所當然」，窮得「無所畏懼」，他心甘情願做一隻被命運宰割的羔羊。

人窮一時不可怕，心「窮」一生才可怕。

這種人如果流年得利，一下子得了許多錢財，那可不得了，他絕對會到處宣揚你「嫌貧愛富」的事，詆毀你、挖苦你、諷刺你。

比如年初鬧得沸沸揚揚的「梁詩雅，我花兩百零八萬人民幣祝你新婚快樂」，寫信的男人叫「阿飛」，自稱曾是個窮小子，後來有錢了，於是他在前女友新婚那天，花三十九比特幣，買下全中國二百座城市的公眾號頭條版面，只為給前女友梁詩雅送一份祝福。

「他很有錢，我知道，以前我是個窮小子，沒有資格愛你。現在我有錢了，卻再也沒有機會愛你了。望你一切安好，幸福安康。還有，不要再用金錢去衡量一個人。」

撇去行銷的成分不說，單看這封信，表面的款款深情掩飾不住背後的尖酸刻薄：「當時你嫌我窮，現在我發達了，你後悔死了吧！」

像阿飛這樣的男人，無論荷包賺得多麼滿，內心深處還是一個窮人。

我猜，梁詩雅當年沒跟他在一起，可能就是察覺到了他的小肚雞腸和玻璃心。和這樣內心病態的人相處，日子又怎麼可能過得幸福呢？

人們常說，所謂戀愛，就是突然有了鎧甲，也有了弱點。可是，如果這件「鎧甲」再也沒法守護你，淪為弱點的時候，請你果斷卸下它。

電影《怦然心動》裡有一句台詞是這麼說的：「斯人若彩虹，遇上方知有。」你需要找的男人，應該是黑夜中的光，濃烈熾熱，指引你走向更好的自己，讓你有力量去抵禦外界的傷害，也能懷著謙卑之心來反省自己。

那種在他身上看不到未來的男生，請你果斷遠離他。他就像一個深不見底的泥沼，會不斷地把你往下拉，甚至有一天還會厚顏無恥地反問你：「我倆混得好慘，為什麼你不更加努力點？」

對不起，她可以慣著你，也可以隨時換了你。現在，她不過是忍著你而已。

# 我從不放閃，但我的兄弟都知道你

昨晚在公眾號收到一則留言：「西門君，我最近剛交了一個男朋友，他個子高高的，皮膚很白，工作的公司是世界五百大企業之一，他簡直就是男神一般的存在。我們交往的四個月裡，他對我體貼入微，我感覺自己就像是撿到寶了……但有一個小問題——他不喜歡在社交平台上分享關於我的事，這實在讓我有點小鬱悶。我可是一個談戀愛特別喜歡放閃的女生啊！西門君，為什麼你們男生都不喜歡在網路上放閃啊？」

她的故事，讓我忽然想到了自己最近看的一個綜藝節目，叫作《妻子的浪漫旅行》。這個探索夫妻相處模式的節目，被謝娜活活弄成了自己和張傑的「放閃現場」。

應采兒重溫當年和陳小春在演唱會上深情對望的畫面時，謝娜在一旁一言不發，直到話題快結束時，謝娜突然蹦出一句：「我在傑哥演唱會台上呢！」言外之意很明顯——你在台下互動有什麼了不起的，我可是老公演唱會的表演嘉賓，也難怪應采兒聽了「想打人」了。

節目裡，別的女嘉賓都會吐槽自己的老公，除了謝娜。她為了塑造出自己童話般的婚姻，拚了老命地在網路上和生活裡放閃，生怕說了一句張傑的壞話，全天下就會以為他倆的感情出現了危機。

為什麼以謝娜為代表的女性會患上「不放閃會死」的病呢？答案就是：「吃醋心作祟」加上「安全感匱乏」。

吃醋和安全感匱乏讓很多女孩迫不及待地想昭告天下自己名花有主：「我已經是某某某的女朋友了，你們別再痴心妄想啦！」

回到那個問題，我們男生是不是都不太喜歡放閃？答案是「Yes」，因為我們不愛吃醋，也不缺乏安全感。除此之外，我們普遍覺得男生放閃……挺矯情的。

我大學時候談過一個女朋友，沒事就要求我幫她拍照，拍完還要專心修半小時的圖，才肯上傳至即時動態。我總是象徵性地按個讚，並沒有複製再上傳的打算。因為我覺得，彼此圈子的人互相都認識，何必用同一張照片洗兩次版？

＊＊＊

有時候我特別納悶，為什麼當代人感情的發展，是被社交網路牽著走的？

戀愛，不應該是拿來讓外人評說的，而是你和他兩個人去感受的。日後分開了，若是翻閱到曾經放閃的痕跡，想必也會尷尬得想打自己的臉吧。

各位女孩請冷靜想一想，「放閃」的初衷是什麼？第一，宣告自己的感情狀況；第二，展示自己過得很幸福。

這一切都是為你們的感情服務的。「恩愛」才是最重要的核心，「放閃」不過是一種形式，千萬別本末倒置。

我的一個朋友很苦惱，因為他被女朋友要求每天必須至少發一次關於他倆的日常。「很多人都因為這個封鎖我了！」他無奈地哀嘆道。

當甜蜜的日常變成了例行公事，很多感情就變味了。

譬如情侶頭貼，其實應該是兩相情願的事，但是很多時候變成了感情捆綁。

「我挑了好久的情侶頭貼，你怎麼說換就換？是不是怕被別的女生看見？」

「不是啊，但是我爸媽還不知道我們倆的事呢……過段時間再用好不好？」

「再見。」

我想說的是，永遠別以對方不在網路上放閃為由，認定對方不愛你。

這句話，男女通用。

＊＊＊

明著放閃，私下裡同床異夢的，多了去了。

網路上風輕雲淡，私下愛得澎湃洶湧的情侶，我見過的也不少。

其實你冷靜想想，對方分不分享你的事和愛不愛你，真的沒有必然關聯。

誠然，有很多渣男為了防止「後宮爭鬥」，不願意發女友的照片。但是話又說回來，如果你的男友鐵了心要出軌，他完全可以發個照片分組「只限你瀏覽」。說白了，還是一個「信任」的問題。

你足夠信任他，他在現實裡對你體貼備至，不在網路上放閃又有何妨？你已經深深懷疑了他，他在網路上天天秀你倆的合照，又有什麼意義？

之所以說「放閃分得快」，是因為一旦你把二人世界放上網路，為了維持這份曝光的甜蜜，你得花大量時間和精力去經營。

如果有幾天你突然不放了，你的朋友們就會心生疑問：「他倆是不是出什麼問題啦？」想想都覺得累。日子久了能不分手嗎？

當然，西門君也不是真的不讓你秀。在你倆感情穩定的初期，同時放閃一次，讓全世界都知道你倆找到了另一半。總之，「不放則已，一放驚人」。就像某位網路紅人說的那樣：「放什麼閃啊？有本事放結婚證書！」

作為男方，你可以不放閃，但是絕對不要阻礙對方放。如果實在有難言之隱，比如不方便用情侶頭貼之類的，請耐心和對方溝通。

其實，只要對方真心愛你，不放閃也不是什麼嚴重的問題，因為有些人戀愛的模式就是內斂的。就像散文集《把你交給時間》裡的那句話說的那樣：「內斂的深情，掌握太好的分寸，在旁人看來也許都是深不可測的冷漠吧。」

別人無法理解就罷了，作為枕邊人，你就不能「網開一面」嗎？

想一想，在寒冷的冬夜，他將你的手放入自己的大衣取暖……那一刻，你眼前的這個男人，有沒有在網路上分享過你的存在，又何傷大雅呢？

親愛的，請原諒我從不放閃。但是……我的兄弟們都知道你呀。

## 永遠別在感情裡，跪著供養一尊佛

被稱為「上海第一代網紅」的沈麗君，於二〇一八年九月十日跳樓自殺了。對於這個名字，你也許有些陌生。簡單介紹一下，她曾演出過喜劇《家有囍事二〇〇九》，與古天樂、吳君如等明星均有過合作。

癌症的折磨加上丈夫的背叛，是沈麗君輕生的導火線。她走之前在手機備忘錄裡留了封遺書，寫下了自己這些年受到的不公平待遇。為了滿足丈夫「傳宗接代」的願望，沈麗君生孩子前後打了兩百多針安胎針。

為了當上婆婆眼中的「賢妻良母」，她辭去了年薪數十萬人民幣的工作做全職太太。孩子和自己生重病，丈夫不聞不問，無情得像是冷血動物。不僅如此，他出去賭博和包養小三用的錢，是沈麗君存了好幾年的積蓄。

她也曾經試圖離婚，但是被丈夫用暴力的手段駁回。無奈之下，她只得含著眼淚隱忍下這一切……

看完這些文字，你們是什麼感覺？很憤怒對不對？西門君也有同感。但是比起渣男丈夫，我卻對女方更加憤怒——你難道沒想過蒐集丈夫出軌和家暴的證據給法院嗎？為什麼要到死的那一刻，才想著去曝光渣男和小三的嘴臉？

曾經如夏花般絢爛的生命，就這麼在無盡的痛苦中慢慢凋零了。魯迅先生說過一句名言：「哀其不幸，怒其不爭。」這就是我此時此刻的內心寫照。

我想奉勸那些沉浸在愛河無法自拔的男女一句——永遠別在感情裡，跪著供養一尊佛。

＊＊＊

世間多少渣男，都是被一幫好女孩慣出來的。

前幾天，小晴跟我說，她想要結束自己長達六年的戀愛了。她是一個做事全心全力投入的人，這一點在她和原木的感情中表現得淋漓盡致。

他倆是高中同班同學，小晴成績好，原木貪玩，每次兩個人的作業都是她熬夜做的。小晴會每天早早地下樓買好早餐等原木，而他卻總是打著哈欠遲到。原木也經常找小晴借錢去網咖玩遊戲，儘管她有點反感，但依舊一次又一次地借給他。

我們不只一次地勸過她，不要老是慣著原木，可是她總是不以為意地回應道：「千金難買我樂意！」

小晴經常像個老媽子一樣操心男朋友的學業，不過，她的操心也確實有用。原木，這個人們眼中的阿斗，最後如願以償地和小晴考上了同一所大學。當她得知這個消息的時候，當場高興得直蹦跳，當晚就和原木宴請了我們大家。

我們藉此機會勸說原木「要好好對小晴」，他一邊識趣地抱著她，嘴裡一邊說著：「我會的，我會的。」

大學期間，他倆同居了。原木嘴上說得特別好聽，「這樣可以有更多的二人世界了」，可是我們心裡都清楚，更主要的原因是他深夜打遊戲被室友抗議了，然後還懶得洗衣服。

不過小晴不在乎這些，她覺得自己和男友提前過上嚮往的婚姻生活，興奮都來不及呢。

然而過了一段時間，小晴的美好幻想被一點一點擊碎了，用她自己的話說：「我和他，一個像是信徒，整天跪著，一個卻像一尊佛，高高在上。」

小晴除了每天打掃環境，處理洗衣、煮飯等雜事，還要兼顧自己的課業不被落下。而原木呢，等著女朋友為自己端茶倒水，洗衣做飯，這樣他便可以舒舒服服地打遊戲、滑手機、看電視……我們戲稱，他真的像是一尊理所當然地享受進貢的活佛。

兩人也就此爭吵過，他也確實改正了一點點，也會偶爾幫忙收拾一下房間了。

對此，她表示「很知足」，因此「變本加厲」地討好著男朋友——原木說想學烏克麗麗，她就拿出了一大半積蓄買了一台好的送他；他說要學調酒，她就存錢買相關的工具和基酒……這些錢，都是她週末打工一點一點賺來的。

毫不誇張地說，原木想做什麼，小晴都毫不遲疑地支持他。就像佛祖有時會托夢向信徒們提一些要求，信徒們哪怕一時為難，最後也會想方設法去滿足。

可是，佛畢竟是佛，對於你的殷勤，他不會有一丁點的回應。

＊＊＊

愛情，被戳穿就是騙局，沒戳穿就是信仰。

當小晴累了提出分手的時候，原木一臉傻了，一副「你一定是在開玩笑」的表情。

「我不想再跪著當信徒了，我要的是兩個人一起為未來奮鬥，而不是我在戰場上孤軍奮戰，護著背後的人不沾一滴血。」說這段話的時候，小晴的眼角噙著淚水。

最後，他倆還是分開了。

像原木或是沈麗君丈夫這樣的人，他們的眼裡只有自我，沒有別人。如同佛祖以為信徒們會永遠跟隨自己一樣，他們相信飯菜會熱氣騰騰地擺好在餐桌上，房子每天都會乾乾淨淨的，對方一定會不離不棄。

埃里希．佛洛姆說過一句名言，愛不是把自我完全消解在另一個人身上，也不是那種自私的占有，而是在保存個人自我的基礎上，與對方融為一體。

不是每一段卑微到塵埃的感情，都能開出花來。即使開了，那果實一定也是苦澀的。永遠別在感情裡跪著去供養一尊佛。你每跪一分，佛便猖狂一丈，猖狂久了，佛便成魔，而魔，是會噬人的。輕則噬去你的精力，重則會毀滅你的人生。

一個愛你的人，絕對不會捨得讓你跪著的。對真愛的信仰，不需要透過膝蓋的瘀青來證明。

第四章

# 新時代情侶「黑話」指南

不被愛只是不走運，而不會愛是種不幸。

——卡繆（法國作家、哲學家）

# 還不是怪你倆談了一段「耍嘴皮」的戀愛

在這個網路時代，很多人的感情都是始於微博、探探、陌陌這些社交軟體。雖然有些人對此帶有天然的抗拒情緒，不過西門君倒是覺得無可厚非，畢竟它們只是提供一種管道罷了，你不喜歡可以不用呀。

但「成也蕭何敗也蕭何」，網路在催化出都市男女愛情的同時，也帶來了一些不大不小的麻煩。

我不只一次地在公眾號收到過類似這樣的留言：「西門君，戀愛中的她和網路上的她，簡直判若兩人！網路上的她，熱情又健談，但是戀愛裡的她，和一個冰雪女王一樣！」又或者「他追我時說得那麼天花亂墜，在一起之後什麼承諾都沒有兌現，我要不要分手？」……

對於這些問題，我的回答統一明瞭：「還不是怪你倆談了一場耍嘴皮的戀愛。」

＊＊＊

我們為什麼討厭「畫大餅」的主管，就是因為他們除了會說，啥也不會。

「耍嘴皮型情侶」的特點和這種主管也差不多。他們在感情方面，就是典型的「言語上的巨人，行動上的矮子」。一言以蔽之，他們每次談戀愛，說的遠比做的多。

比如我的大學同學小方，樣樣都好，唯獨有這麼一個臭毛病——動不動就喜歡吹牛講空話。

他的前女友Alice，是他「嘔心瀝血」，用盡畢生「把妹」的絕學才追來的。可惜熱戀期過了之後，小方就有點心生倦意了。

他曾經許諾下次放假帶Alice出國旅遊，拖了半年，依舊沒有實現。他當年發誓「一定好好工作賺大錢養你」，可現實卻是，他每天渾渾噩噩地去公司，渾渾噩噩地回來，還被降了職。

Alice一開始還對自己的男朋友抱有幻想，後來逐漸心灰意冷，選擇了離開。被甩後，小方憤憤不平地吐槽道：「現在的女孩子怎麼回事啊，說什麼都當真？童話書看多了吧？」

當時我聽了，表面寬慰著他，心裡狂罵他活該。

如果有些事你做不到，就別誇下海口，不知道期望越大失望越大嗎？

你曾許諾為她打下一片江山，到頭來呢？連半枝楊柳都未折下。

＊＊＊

熟悉我的讀者應該很清楚，我經常寫文吐槽異地戀。因為在西門君看來，異地戀正是不折不扣的「耍嘴皮戀愛」。

腦補一下這個畫面——你倆依依不捨，在西子湖畔道別，相約大學四年畢業後在北京重逢。語罷，揮手而別，一聲「珍重」，自此天涯兩端。

頭兩年，你倆靠著微信和電話死撐著，漸漸地，發現共同話題越來越少，「撐不住了」。

最後的結局是，你為她買的房子住進了別的女孩，她為你學的廚藝暖了別人的胃。

這就是「耍嘴皮型戀愛」的悲哀之處，因為你倆的感情基礎大部分是依附於虛無縹緲的口頭交流。這意味著，你們在網路上聊得多火熱，放下手機的那一刻，眼前的現實就有多蒼白。

張志明與余春嬌糾纏了八年，明明心底都深愛著彼此，可為何遲遲沒有開花結果？

我理解的原因是，志明總是掛在嘴邊的「放心啦，我會一生對你好的」，像極了一句玩笑話，讓春嬌難免忐忑不安，畢竟她的年紀已經耗不起了。

好在電影《春嬌救志明》的末尾，志明用一場感人肺腑的現場演唱，成功向春嬌求了婚。

愛，絕不是一句空洞的口號，而是可見的實際行動。真正愛你的人，也許會讓你望穿秋水，但是絕對捨不得讓你空等太久。

＊＊＊

當然，西門君也心知肚明，如果條件允許，誰甘心談一場「耍嘴皮」的戀愛？但遺憾的是，很多時候，是我們親手扼殺了自己的幸福。

比如，一對老夫老妻，覺得彼此都這麼熟了，何必再去麻煩對方呢？

「我生病了，你好好工作，我自己吃藥就好。」

你的本意是好的，希望不要麻煩對方，可是在他看來，自己的一腔熱情餵了狗。一番糾結後，他只得無奈地用「耍嘴皮」的方式回應道：「那你照顧好自己吧。」

殊不知，愛情這棵大樹的成長，離不開兩人彼此間互添麻煩，甚至可以說，所謂「愛情」，不就是兩個相愛相殺的人互相麻煩一生嗎？戀愛離不開必要的「耍嘴皮」，因為沒有了情話的滋潤，就像兩個不解風情的啞巴在戀愛。但戀愛也不能僅僅停留在「耍嘴皮」的階段，因為那只是「看上去很美」的幸福罷了。剝開外殼，你會發現裡面其實空空如也。

我很喜歡馬薇薇在《奇葩說》裡說的一段話：「真正的童話故事，不是王子遇見了公主，從此過上了幸福的生活，而是一個平庸的我，遇見了一個平庸的你。我們願意放下幻想，放棄標準，做一對相互依偎的狗。因為此刻，我們只願相互依偎，彼此忠誠。」

如果你愛她，請你拿出切實的行動來證明。畢竟，我們都已經過了耳聽愛情的年紀了。

# 對不起，我不要間歇性戀愛

你有沒有過這樣的感情經歷：

你和她在現實生活中如膠似漆，但是兩人一回到網路上，莫名其妙地就無話可聊了。

他對你時好時壞，若即若離，溫暖時候像火山，高傲時候卻又像冰川。

你許多段戀愛，都是熱戀期來得快，去得也快。

如果你的答案是「Yes」，那麼很不幸，你得了一種叫作「間歇性戀愛」的病。

什麼算是「間歇性戀愛」？

我打個比方，兼職許多人都做過吧？不用天天去公司，但是該做的工作一點也不能少做，是一種極其特殊的工作身分。

在公司的時候，你完全可以假裝自己是那裡的員工，沒人會質疑，可是你心底比誰都清楚，自己有名無分。

類似地，處於間歇性戀愛中的雙方，也經常自我疑問——名義上，我和對方已經是情侶了，可為什麼絲毫感受不到愛情的甜蜜呢？

很簡單啊，因為「間歇性戀愛」，根本不配叫作戀愛。

＊＊＊

我眼中的間歇性戀愛分為兩種：一種是對於他人的，一種是對於自我的。

先說前者。

前段時間，我把自己的學妹小蝶介紹給了好朋友軒仔，他倆在網路上聊得如火如荼，很快便確定了戀愛關係。為了表示感謝，軒仔決定叫上小蝶請我吃個飯。

我在欣慰之餘得知，那竟是軒仔和小蝶的首次見面。

我臆想的情形是，我會成為超大顆的電燈泡，而現實情況是，軒仔和小蝶分別和我有一句沒一句地搭著話，卻鮮少與對方展開互動話題。

「西門，最近工作忙不忙？」「還好，不忙。」

「看你最近的文章，點閱量漲了不少啊。」「哈哈，謝謝！」

我相信，你們一定能感受到我的那份尷尬。

一小時後，我看吃得差不多了，主動提出先走，暗示他倆可以開始二人世界了。

令我哭笑不得的是，他倆居然異口同聲地說：「那就一起撤了吧！」

之後，他們兩個人的感情也並沒有得到昇華，僅僅三個月就分了。

事後我逐漸領悟，軒仔覬覦的，不過是小蝶在即時動態裡沉魚落雁的模樣，而小蝶仰慕的，不過是軒仔不落俗套的生活品味罷了。

他們迷戀的，從來只是對方身上的亮點，而不是對方本身。再來談談另一種，對於自我的間歇性戀愛。

我有一個小麻吉 Kevin，風流成性，最高紀錄是一個星期換了三個女朋友。

有一次，我藉著酒勁問他：「這種朝三暮四的戀愛，不膩嗎？」

大概他也喝多了，一邊狂拍我的肩膀，一邊吐露著真言：「好兄弟，如果可以長長久久的，誰願意換來換去啊？」

Kevin 的戀愛觀，讓我想起麥可．翁達傑在小說《英倫情人》裡的一段話：「在一半的時間裡，我不能沒有你。而在另一半的時間裡，我又覺得無所謂。這不在於我愛你多少，而在於我能忍受多少。」

間歇性戀愛就像是一把雙刃劍，一方面賜予人們隨時置換對象的爽快感，但是另一方面，卻也剝奪了人們穩定的幸福感。

說實話，這樣的人蠻可憐的，看似無時無刻不在戀愛之中，可仔細深思起來，卻又和子然一身無異。

＊＊＊

「一週CP」的遊戲，猜想很多人都玩過。半年前，出於好奇心，我也報名了。

特別巧的是，配對給我的妹子也是杭州的。根據遊戲規則，我們可以像情侶那樣聊天、見面、散步。如果你是途經的行人，肯定會覺得我們是如假包換的一對——甚至連我自己，都有一種「我倆真的很速配」的錯覺。

等到遊戲最後一天，我看氣氛烘托得差不多了，便胸有成竹地向她表白了。

她睜大雙眼看著我，說了一句令我至今難以忘懷的話：「我們只是七天的戀人，just a game（只是個遊戲），別太當真了。」

這就是間歇性戀愛的恐怖之處，贈你一夜美夢，讓你以為自己終於遇到了人生摯愛。可到頭來你卻發現，這不過是一場空歡喜。

悲哀的是，明知如此，還是有數不清的痴男怨女奔赴在這條不歸路上。

就像《我的前半生》裡的賀涵與唐晶，十年糾葛，不是情侶勝似情侶。曾想過與對方生死相依，可卻又無止境地互相試探，最終兩人還是耗盡了良緣。

我的理解是，他們既渴望愛情的滋潤，又不願失去自由的生活，於是半身沉浸愛河，半身回望塵世。

然而，這種各留一手的戀愛，恕西門君接受不了。

我渴望的，是「你心中只有我，我心中只有你」的專屬甜蜜。我渴望的，是一旦我們選擇了彼此，此生便只有死亡能將我們分開。我渴望的，是相見時炙熱的擁吻，不見時亦有餘溫的思念。

哈波・李說過一句話，深得我心：「要麼愛，要麼不愛，愛是這個世界上唯一不能含糊的事。」

如果命運不公，非逼我選一份間歇性戀愛，那麼對不起，我寧願選擇常態性孤獨。畢竟，失去遠比擁有踏實啊。

# 薛丁格的單身

前天晚上，我、阿輝和元哥三個人在KTV唱得正「high」，突然一個女孩怯生生地推開門道：「阿輝，我遲到了，不好意思。」

我和元哥呆立著看他把女孩從門口牽到座位上。

「萌萌，跟你介紹一下我的兩個好兄弟，西門和元哥。」

說實話，我當時蠻不爽的。說好的「男人KTV」，怎麼半路殺出一個妹子？這就罷了。不料，藉著幾分酒勁，阿輝和萌萌居然旁若無人地激吻起來，搞得我和元哥尷尬得快要爆炸了。

從KTV出來後，阿輝把萌萌送上計程車，然後約我和元哥去燒烤店吃串燒。

「這個新女友挺正啊，阿輝你好福氣啊！」元哥壞笑著調侃道。「什麼女朋友？朋友，朋友而已！我是萬年單身狗，你們知道的。」阿輝得意地倒著酒。

聽到這句話，我忍不住狂翻白眼。但是不得不承認，打著單身狗的旗號到處勾搭的人，絕不只阿輝一個。

＊＊＊

「薛丁格的貓」這個物理實驗你一定聽過——「盒子裡有一隻貓和放射性物質，假設有百分之五十的機率發生衰變，那麼貓會死亡，反之，貓會存活。在你監測盒子得出結果之前，因為你不確定盒子裡的衰變發生與否，所以理論上，那隻貓處於又死又活的狀態。」是不是覺得，這實在太有悖於常理了？可這個悖論，是真真切切存在的。

換個視角，在現代都市男女身上，其實也存在著這種悖論——有一類人，他們披著單身主義的外衣，萬花叢中過，片葉不沾身，感情生活始終如謎。

我大學的學弟 Alex 是一個富二代，平時沒什麼特殊的嗜好，就愛泡夜店。每每被他喊去喝酒的時候，總是見他身邊各種美女環繞，煞是風流。

我不確定他是否夜夜笙歌，但我確定只要他想，易如反掌。

如此這般的瀟灑，倘若你問身邊的男性是否嚮往，回答「不」的人多半是撒謊。

不過話又說回來，「酒池肉林」的日子過膩了，生活恐怕也會因為麻木而變得索然無味吧。

「出色」的男性不缺妞泡，優質的女性也不乏人撩。

去年的耶誕節，我和當時正與我曖昧著的女孩去看了話劇，從劇場出來之後，她微笑著和我說：「西門你先回去吧，朋友來接我。」

我欣然應允，完全預料不到一幕好戲即將上演——我下意識地驀然回首，瞥見她微笑著上了一輛 Jaguar。

不過當時我並沒有想太多，直到她午夜發了一組吃宵夜的照片，我才恍然大悟，氣得立刻評論了一段略有諷刺意味的文字。十分鐘後，她回了一段話：「你這個人很莫名其妙啊，你又不是我男朋友，憑什麼管我？我單身，想和誰玩和誰玩。我有說過吧，老娘不缺人追，只是自己不想談戀愛罷了。」

我無法反駁，因為她說得句句有理。

這就是薛丁格單身的狡黠之處，世人無法去苛責，只能眼睜睜看著他們一邊盡享愛情的歡愉，一邊從容規避愛情的沉重。

＊＊＊

美國作家克里南伯格寫的《單身社會》（*Going Solo*）裡，說明了這麼一個趨勢——隨著社會的發展和觀念的轉變，單身的人會越來越多。

然而，依我看來，這種「單身」並不是傳統觀念裡的自我封閉，而是更貼近於我所描述的「薛丁格的單身」。

關於婚姻和單身的辯證關係，錢鍾書的描述很精闢：「城外的人想進來，城內的人想出去。」這看似無解的圍城死局，卻被現代人以中庸之道輕易破解：「只要我以愛之名搖旗吶喊，是不是單身，做不做情侶，又何妨呢？」

於是，「薛丁格的單身」者紛紛化身為圍城裡的守衛。城內有慶典，他們便欣然入城，城內有騷亂，他們便惶然棄城。

進可攻，退可守，魚和熊掌可兼而得之，這在花花世界裡遊刃有餘的單身姿態，簡直完美。

你們可能會以為，西門君寫下此文是為了批判這個群體，其實並不是，對他們的戀愛觀念，我予以尊重和理解。

如同村上春樹所言：「哪有人喜歡孤獨，不過是不想失望罷了。」在薛丁格的單身者們肆意瀟灑的背後，是他們對孤獨深深的恐懼，他們唯有透過無止境地追逐男歡女愛，才能填補內心的空虛。

另一方面，他們在沐浴愛情的同時，卻又抗拒著愛情帶來的束縛感。他們在單身和戀愛的「楚河」兩邊，各立一隻腳，看似瀟脫，實則無奈。

尊重歸尊重，理解歸理解，可說句心底話，西門君還是希望人們遠離這種思潮。誠如一句經典台詞所言：「愛情是世界上最細小的詞，只能落在一個人身上。」

試想一下，在一個人人都是薛丁格的單身者的社會，沒人會對真摯的愛情朝聖，一句「我愛你」甚至可能成了大街上講到爛的招呼語。

昨天還跟你海誓山盟的女孩，今天卻依偎在了別人的懷中。

這種速食主義般的愛情，就像海洛因一般，讓人狂歡過後悵然若失，除了後悔和虛無，什麼都沒有剩下。

這樣的社會，你真的嚮往嗎？

# 求求你，原諒那些「被動型熱情」的人吧

前兩天參加了一個國中同學會，期間我隨口問了一句：「你們和阿濤還有聯繫嗎？」某位女同學弱弱地反問道：「阿濤是誰來著？這名字好耳熟……」讓我瞬間尷尬不已。

不過話說回來，同學們對阿濤印象不深也是情有可原的。因為當年阿濤是班內不折不扣的「獨行俠」——課間時候埋頭整理著上課筆記，放學時候也一個人踽踽獨行。

無論從哪個角度看，阿濤都不是一個很好相處的人。如果不是我有一次火急火燎地求助數學作業，我可能這輩子都不會和他有交集。

「你先拿去抄吧，但是作為交換，你得告訴我寫出高分作文的祕訣。」萬萬沒想到，平時一向冷漠的阿濤主動向我伸出了援手。

「沒問題。謝謝！」

放學以後，我主動約阿濤吃了一頓麥當勞，順便分享了自己的一些寫作心得。

從那之後，我倆一直斷斷續續地保持著聯繫，至今已經十餘年了。如果要我評價阿濤

的性格的話，恐怕很難用三言兩語概括——他不喜於表達，卻又善於傾聽。說他擅長社交吧，與事實不符，說他孤僻吧，倒也不至於。

如果要我硬下一個定義，恐怕得憑空造出一個詞彙，姑且叫作「被動型熱情」吧。

＊＊＊

「其實，我並不算是標準意義上的內向。」有一次喝酒，阿濤突然剖析起自己，「阿多尼斯講過一句名言，感覺就是在說我，『世間所有的內向，不過無法忍受別人的無趣罷了』。」

我舉雙手雙腳同意。

前段時間，有一個倒追我的女孩封鎖了我。封鎖之前，她發給我這麼一段話：「西門，我有時候真的覺得你有點捉摸不透，從不主動找我聊天，但是每次我找你聊天又感覺你挺健談的。跟我玩欲擒故縱是吧？慢走不送！」

我當時的感覺，就像一個路過的觀眾看完一部獨角戲，結果發現片尾的演員表跳出了自己的名字，簡直莫名其妙。

當然，不得不承認她所言不虛。我也曾為此反思過自己的社交習性，確實比較「奇葩」——你主動找我聊，我會很熱情地回應你，但想讓我主動聯繫你，難於上青天。

如果讓我用王朔的一本書評價自己，那我八成會選《一半是海水，一半是火焰》。「被動型熱情」的人，在感情裡是很吃虧的。就像《前任3》裡的孟雲和林佳，一個以為對方不會走，一個以為對方會挽留。

你可以吐槽他們矯情或者故作姿態，但是希望你明白一個道理——這世上就是有那麼一部分人，他們無法坦率地表達自己的感情，無法逼迫自己強行打開心扉。這是刻在骨子裡的淡漠，不是說改變就能改變的。

＊＊＊

你們都在公共場合自我介紹過吧？一般情況下，十個人會有九個說自己外向開朗，而第十個，也絕不會自詡為「內向」的。

這個社會似乎有一個不成文的共識——外向是值得被褒獎的，而相比之下，內向就彷彿成了一種次等的性格。

可是事實果真是如此嗎？當然不是。

內向的人創造力更強，更富想像力。比如寫出《哈利波特》系列的J.K.羅琳和寫出《冰與火之歌》的喬治·馬丁，他們都在採訪中坦承，自己是一個內向的人。

除此之外，在這個人人都熱衷表達自己的年代，內向的人就成了最佳的傾聽者。某種程度來說，他們其實並不內向，只是不擅長對不親密的人開朗罷了。

這就是「被動型熱情」的人的哀傷之處，他們只是慢熱，並不冷漠，但是迫於社會輿論的壓力，許多內向者還是逼自己強顏歡笑，融入人群。

其中有一部分人成功脫胎換骨，搖身一變成了外向者，可是還有一部分人，由於天性使然，只能在外向和內向之間謀求一個妥協點，最終成了夾在漢堡中間的菜葉。

這些「菜葉」，在平日的社交裡，他們排斥成為活動的主辦者，玩起來卻又比誰都瘋。在感情的世界裡，他們從不願主動邁出一步，但是只要對方伸出手，他們一定會死死地抓住。

就像《犬夜叉》裡的殺生丸，儘管平日沉默寡言，看似冷血無情，但是在其冷酷的外表下，藏著一顆炙熱之心。「這世上，與玲的生命對等的東西並不存在。」你很難想像，這句話居然出自殺生丸之口。

別以為只有外向的人才渴望成為人群的焦點，每一個「被動型熱情」的人，也都渴望展現自己的熱忱，也渴望大聲吶喊自己有多麼不捨得一個人。

可是他們……不，我們，真的做不到啊！

那句「我需要你」，寧願卡在喉嚨，爛在心底，也絕不會讓你知曉。不是我們不想，而是我們不能。

如果可以，求求你，原諒那些「被動型熱情」的人吧。你永遠也不知道，你眼中的冷冷清清，已經是我們能夠拿出的全部溫度了。

# 我養過最大的寵物，是我的女朋友

花花談起新交的男朋友，滿臉洋溢著熱戀的喜悅。

「我跟你們說哦，阿輝（她男朋友）對我可好了，無微不至地照顧我，不知道我愛吃什麼，就把最流行的零食都買回來，那些燒菜洗碗的家務事，他也都全包了……我感覺他就像是我的保育員，哈哈。」

我皺了皺眉，擠出一個陪笑的表情。

「花花啊，我還有點事，先走了。」

「我也差不多該走了，咱倆好像一個方向吧？我叫男朋友過來接我，順道載你一程。」

「他從哪裡過來？」

「花蔣路。」

「這麼遠！我們還是搭計程車吧，別麻煩人家了。」

「沒事啦，他隨叫隨到的。」

眼前的花花像是一個孩子，肆意享受著幸福的環抱。只是，如此這般的「幸福」，卻讓我為她捏了一把冷汗。

＊＊＊

當年有一篇叫作〈我想在你面前當個廢物〉的文章在網路上流傳甚廣，大意是：「最好的愛情，是我在你面前當個廢物，而你操辦好了一切。」

是這個社會病了還是我的戀愛觀過時了？

文末甚至還有這麼一段話：「我只想牽著你的手，當一個路痴，一位健忘症患者，一名生活不能自理人士，一隻幸福的廢物。」

我的天，在這個時代，當廢物也成為一種光榮了嗎？

想當年，花花信奉著「靠男人是女神，靠父母是公主，靠自己是女王」的原則，毅然地從家裡搬了出去，用積蓄開了一家店賣板栗，生意也算是不錯。那段時光，她走路都是帶風的。

而如今，她日漸喪失著生活自理能力，身材走樣了不說，賺錢方面的鬥志也不復存在。

我承認，她的男朋友體貼又溫柔，學歷高又家境殷實，簡直完美。然而，我作為見證過她當年有多麼獨立自主的朋友，卻感到無比痛心。

這種所謂的「幸福」，就像是麻痺人大腦的海洛因，編織了美妙的生活幻影，也在不知不覺中蠶食著服用者的意志。

就像西蒙．波娃說的那樣：「女人的不幸在於被幾乎不可抗拒的誘惑包圍著，她不被要求奮發向上，只被鼓勵滑下去到達極樂。當她發覺自己被海市蜃樓愚弄時，已經為時太晚，她的力量在失敗的冒險中已被耗盡。」

＊＊＊

很多人類陷入了「飼養型」戀愛裡，不以為恥，反以為榮。

之前看過一個新聞，某女子被甩後欲跳江輕生被攔。警察問她為什麼想不開，她的回答令全場人噎然無語：「他把我照顧得太好了，現在他不要我了，我的生活一片狼藉。沒意思，死了算了。」

武志紅老師說過一句一針見血的話：「中國人的情感模式，都是在找媽。無論男女，皆是如此。」

對此我深表認同。許多人以為，只有男性會有伊底帕斯情結，其實有些女性又何嘗不是如此？有些女性喜歡與比自己年長幾歲的男性在一起，原因就是對方身上閃耀著體貼入微的「父」性光輝。

如亦舒的《我的前半生》裡覺醒前的羅子君就是個典型。想做個飯，結果連最簡單的烹飪手法都不會；只要有一點不順心，就會拿保姆撒氣；生活的圈子小得可憐，能算交好的朋友也只有唐晶一人。

她心安理得地享受著巨嬰的生活，當一切分崩離析後，又不可避免地愛上了全能的賀函。

西門君無法理解，這種「衣來伸手，飯來張口」的生活究竟有什麼值得羨慕的。我在微博發出質疑後，有一位網友諷刺了我：「一個願打一個願挨，這是他倆感情的私事，有何不可？」

戀愛觀沒有高下之分，這個道理我當然懂。只是，當一種極端的戀愛模式被搬到檯面上大肆宣揚的時候，我們是不是應該冷靜思考，謹慎以待？

況且，感情的廢物難免會伴隨著生活上的低能，當這種低能給周遭的人造成困擾的時候，誰來買單？

＊＊＊

曾經和幾位朋友閒聊，「你養過最大型的寵物是什麼？」大家一陣七嘴八舌之後，決定把桂冠頒給一位男生，因為他說：「我養過最大的寵物，是我的女朋友。」

他的自嘲裡，有多少無奈的成分，無人知曉。

情侶間最融洽的相處模式應該是什麼樣的？作家柏邦妮給出了她的回答：「比起兩個人慢慢變老更美妙的，是兩個人慢慢變好。」

如果一方不斷奮進，而另一方原地踏步甚至倒退，那麼兩人之間的鴻溝只會越來越大。

對於「飼養型」戀愛，西門君的態度是這樣的——「我可以把你當成女兒寵愛，但不代表你可以把我當成爸爸予取予求、無理取鬧。」

當「飼養員」的付出成為例行公事之後，只要他有一點點的鬆懈，被照顧方就會胡思亂想：「你是不是不愛我了！」這樣如履薄冰的感情，是不可能長久的。

何況，誰都沒有照顧別人一輩子的義務。他對你的照顧有可能是一時興起，也有可能只是三分鐘熱度。如果有一天他甩手而去，那個一無所有、一無是處的你，該怎麼辦？

# 分手吧，我們的合約到期了

在倪妮和井柏然各自的工作室發表分手聲明後，網路上的看戲群眾憋不住了，開始各種空穴來風地臆測，「兩個人只是形式戀愛而已」「不過是合約情侶罷了」……

這種沒有證據的臆測，有意思嗎？

倪妮和井柏然究竟是不是合約情侶，我並不在意。我在意的是，「合約情侶」這種新興的戀愛觀，或許正在不知不覺地荼毒我們的內心。

「合約情侶」，顧名思義，就是一對戀人約定好一個戀愛週期，可能是幾個星期、幾個月、幾年，到期了就分手，感覺OK再續約。

聽起來是不是很讓人吃驚和無語？不過你還真別說，我周圍的「合約情侶」是越來越多了。比如，小凌和她的（前）男友阿風。

「阿風是我們班的班草，當時是我倒追他的。他太受歡迎了，聽說還有學校外的女人開著BMW來追他。」

說實話，每次聽到這種狗血的故事，我的內心都毫無波動。不過令我萬萬沒想到的是，更狗血的劇情還在後面。

「不過他說，戀愛可以，試用期兩個月，磨合好了就正式戀愛。」小凌苦笑著對我談起往事。

「試用期？別告訴我，你答應了。」

「哎，戀愛中的女人都是沒有智商的，我那麼喜歡他，當然只能咬牙答應了啊。」

「然後呢？」

「怎麼說呢，那兩個月和他相處的模式怪怪的。有些時候我感覺和他像是情侶，比如肢體上的接觸之類的，但有些時候吧，又感覺他聊天不冷不熱的。他的社交平台上也絲毫沒有要宣布脫單的跡象。」小凌搔了搔耳朵，一副難以啟齒的樣子。

「好吧，那兩個月之後呢？『轉正』了？」我情不自禁地翻了一個白眼。

「一說這個我就來氣，兩個月之後，他發了一則微信給我，說恭喜我『轉正』，晚上去他家吃飯，舉行一個『轉正儀式』。我又不是無知少女了，這什麼意思我還不懂？果斷封鎖了。」

這下子輪到我尷尬地搔耳朵了。

「合約情侶」作為一種新興的戀愛模式，固然不應該被一棍子打死，只是細細琢磨起來，總覺得哪裡不對勁。

父輩們的愛情，張口就是劉德華的「愛你一萬年」，可我們呢？連兩個月都要先試個愛。各自留好後路、虛與委蛇、心懷鬼胎。

想戀愛，就大大方方戀愛，玩什麼花樣！搞什麼「戀愛合約」！感情好想續約，是不是還得買個會員，買一年送三個月？

＊＊＊

關於「合約情侶」，《黑鏡》第四季的「絞死DJ」講了一個腦洞大開的故事。

在一個類似烏托邦的世界，人們必須按照一個叫作Coach的人工智慧指令行事——甚至包括和對象的配對。

一男一女被Coach智慧配對後，就進入了有週期的戀愛橋段，週期從幾年、幾個月到幾個小時不等。你不能質疑，更不能反抗，因為「系統是為了你好」。無論你的對象多麼無趣，和你的想法觀念多麼不合，你也必須咬著牙熬到合約到期的那一天。

反之，哪怕你和配對的那個人愛得你儂我儂，為了遵循遊戲規則，到期之後也必須分開，不然就會受到嚴厲的懲罰。

經歷過幾次行屍走肉般的戀愛之後，初次見面便難以忘懷彼此的男女主角下定決心，無論 Coach 有多麼智慧，懲罰有多麼嚴厲，他們都要攜手私奔，逃離這一切。

故事的結局很美好。原來，他們不過是一對約會配對 App 裡的模擬人物，真實的兩人正在酒吧看著這個模擬結果。

「合約情侶」看似隨性、自由、前衛，但細細分析後就會發現，其實根本實現不了。

你想，如果真的按照「合約」判斷，敢問他一不小心多喜歡了你一天，你還要向他索賠違約金不成？

＊＊＊

為什麼現在越來越多的人感嘆「談戀愛又沒意思又累」？

沒意思是因為談戀愛像是按部就班的公事，每一步都得規劃好再前進，累是因為除了上班要完成主管的業績考核，下了班還得依著對象履行所謂的「義務」。

《真愛至上》裡有句經典台詞是這麼說的：「當你已經決定和某人共度餘生的時候，你會希望餘生盡快開始。」一個人之所以會和你定下戀愛合約，說白了，無非是他沒有那麼喜歡你。

戀愛就是戀愛，它是純粹且感性的。一旦用數字和目標去綁架任何一方，兩個人的感情立刻會變得俗不可耐。從你倆簽下合約的那一刻起，日後每天的「早安」「晚安」都成了例行公事般的上下班打卡，每次的付出與回報都被當作ＫＰＩ（關鍵績效指標）考核，每一吻的浪漫都成了倒數計時的飢渴操作。

這樣的戀愛，你找別人談吧。對不起，我的時間很貴。

「分手吧，我們的合約到期了。」

「我不是終身ＶＩＰ嗎？」

「又不是只有你一個ＶＩＰ。」

# 第五章

## 你的英雄之所以蓋世，不過因為你的世界太小

愛情是奢侈品，很多人終其一生擁有的不過是一段段關係。

——微電影《再見金華站》

# 你的英雄之所以蓋世，不過因為你的世界太小

在西門君的心目中，最經典的華語電影莫過於周星馳主演的《齊天大聖東遊記》，上下兩部加起來我看了不下四遍，每一遍都有不一樣的感受。

如果你問我這部電影最讓我動容的橋段是什麼，我會回答：「紫霞之死。」

紫霞仙子原本是如來佛祖座下的一根燈芯，幻化成人形來到凡間後，遇見至尊寶並認定他是自己命中註定的如意郎君，隨後大膽追求，可惜未能如願，迷失在沙漠裡。之後被牛魔王擄走並逼婚，寧死不從，倒在了變成孫悟空的至尊寶懷裡。

可以說，從紫青寶劍被拔出鞘的那刻起，紫霞的悲劇結局就已然埋下了伏筆。

紫霞在影片中最著名的台詞就是：「我的意中人是個蓋世英雄，有一天他會踩著七色雲彩來娶我。」

這句話她說了兩次。第一次，滿懷期待的喜悅；第二次，半是遺憾，半是滿足。

每一次看到紫霞帶著微笑死去的時候，我都會情不自禁地喟嘆一聲：「紫霞，你的蓋

世英雄降臨了，然後呢？」

＊＊＊

其實，紫霞仙子完全可以不用死的。真正致命的，並不是牛魔王的刺叉，而是她對愛情近乎偏執的痴狂。

網路上有這麼一句話，當你對一個人重度依戀的時候，你就成了幼稚園等人接送的小朋友。

我的閨密小雅，就是這麼一位為愛痴狂的「小朋友」。之所以這麼說，是因為她的男朋友對她的照顧可謂是「無微不至」。

看到她的背包太重，他一把就奪過去背上，絲毫不覺得這樣會顯得女孩子氣。

看到小雅在車裡睡著了，他怕吵醒她，就靜靜地將車停在路邊，耐心地等候睡美人的甦醒。

小雅說自己逛累了，他二話不說就背起她，完全不在意路人異樣的眼光。

那段時間，小雅逢人就帶著掩蓋不住的喜悅笑道：「我遇見了自己的蓋世英雄，真好。」

遺憾的是，愛情就像龍捲風，來得快，去得也快。當這陣風散去後，煙消雲散，了無痕跡，只剩小雅一人呆立在原地，遲遲不願接受自己被男友拋棄的事實。

在分手後不久，小雅在網路上敲下了一大段「錐心」的文字：「當你終於卸下層層偽裝，決定奮不顧身地撲向一個人的時候；當你終於不再彷徨，以為自己在迷霧重重的大海上發現了燈塔的時候；當你開始反省，開始悔悟，勾掉了以往的所有爛帳，打算站在他身邊重新開始的時候；當你的生命因為一個人變得鮮活，蒙塵的心終於照進陽光的時候；當你滿心歡喜，想要告訴他這一切的時候，他卻推開了你。再見了，我的蓋世英雄。」

在網路上看到這段話的時候，我特別心疼。作為朋友，我曾經不只一次潑過她冷水：「你的英雄之所以蓋世，不過是因為你的世界太小。」

可是她不聽，非要撞了高牆才肯痛悟。

＊＊＊

哪來的英雄，談什麼蓋世。

木心先生的詩歌《從前慢》流傳甚廣，其中的那句「從前的日色變得慢，車，馬，郵件都慢，一生只夠愛一個人」。最受大家喜愛，因為它謳歌了父輩們從一而終的可貴愛情。

然而，這樣的愛情觀其實並不適用於每一個人。

現在這個時代，什麼都快，選擇也多，誰都沒有必要非得吊死在一棵樹上。

「井底之蛙」的故事我們都聽過，一口廢井裡住著一隻青蛙，牠天真地以為，井口的景色就是全世界了。可在外人的眼裡看來，這是多麼悲哀的一件事啊。

我曾經在網路上看過這麼一個故事：一位女孩不顧親朋好友的勸阻，執意留在家裡做宅女，因為她的男朋友會賺錢，養活兩個人綽綽有餘。

你看，她像不像一隻井底之蛙？

不幸的是，後來她男朋友的生意出了狀況，負債累累，他們的感情也亮了紅燈。愛情沒了，經濟來源斷了。當時這女孩的心裡只有四個字：萬念俱灰。

幸好，在朋友的鼓勵下，她跌跌撞撞地走出了人生的低谷，並且重拾了大學時掌握的攝影技術，逐漸在攝影市場打出了一片天。幾年後，她擁有了自己的私人客製化旅拍工作室，也遇見了真愛。那一刻她才欣喜地發現：「哦，原來這個世界這麼大，有趣的人也並不少。」

就像韓寒說的：「沒有觀過世界，你哪來的世界觀？」看清楚這個世界，不一定能將世界變得更好。但是在你看清楚這個世界之後，你會想辦法讓自己變得更好。

不然，因為你接觸的人群有限，所以你無論愛上誰，他都是英雄。因為你走過的道路太窄，所以只要是個「英雄」，就能輕易傾蓋你的世界。

女孩啊，請你擦亮眼睛，你的齊天大聖還在來的路上，別被野猴子迷亂了雙眼。

# 你那不叫「儀式感」，就是「做作」

不知道從何時開始，人們越來越喜歡把「儀式感」這三個字掛在嘴邊。

「室友的男朋友在情人節為她買了九十九朵玫瑰，好有儀式感！」

「今年生日自己做蛋糕給自己吃，一個人，也要過得有儀式感。」

最搞笑的是，我看到網路上有位大哥分享了一張照片，他左手端著泡麵，右手提著紅酒，美其名曰：「一包普通的速食麵，也會因為有了上好的紅酒而變得有儀式感。」

我看完狂笑不止。笑到疲憊之後，忍不住輕嘆一聲：「現在的人，對『儀式感』三個字是不是有什麼誤解？」

關於儀式感，我聽過一句絕妙的吐槽：「所謂儀式感，就是替沒意義的事找點意義。」

我把這句話轉發到即時動態，果不其然，過了十分鐘後，我就被吐槽了：「西門君，你太偏激啦！」「呵呵，所以說你『注孤生』（中國網路用語：註定孤獨地度過一生）。」

萬般無奈之下，我只得向每一則留言回覆：「這是李誕（脫口秀演員）說的。」

＊＊＊

「生活是需要一些儀式感的。它可以是生日的一頓大餐，紀念日的一場旅行，也可以是清晨的一杯牛奶，出門時的一個擁抱，抑或是睡前的一句晚安。它可以很盛大，也可以很簡單，它可以很隆重，也可以很平常……」看到小靈發在微博上的這句話，我全身都起了雞皮疙瘩。

小靈是一個很注重「儀式感」的女孩——每個週末清晨，她會去公園餵鳥；有空的時候，她會嘗試做一道新菜；晚上臨睡前，她會把當天的所見所聞記在日記上……

說實話，我非常欣賞她的這種生活態度，覺得很有格調——直到某天，她把這一切分享到了網路上：「快看！我做的聖誕大餐和我搭的聖誕樹，是不是很有儀式感？哈哈。」

那一刻，我覺得她口中的「儀式感」變了，變得不再純粹了，彷彿她親手締造的美好生活，只是為了博得他人的關注和喝彩而已。我私訊問她，真的覺得這些是「儀式感」嗎？它們不就是一些很日常的事情嗎？

大約十分鐘後，她回了我一句：「我覺得是就是，難道還需要你審批嗎？」

我啞口無言。

確實，如同小靈所言，「儀式感」是一個很主觀的詞，你覺得有，別人不服也沒有辦法。但是我竊以為，「儀式感」是不是或多或少應該有些公認的標準呢？

不然，如果一切瑣事都可以貼上「儀式感」的標籤，那這個詞語還有什麼特殊的價值呢？

不過，如果你問我「儀式感」的標準是什麼，我一時間還真答不上來。

可能像《小王子》裡說的那樣吧：「所謂『儀式感』，它使某個日子區別於其他日子，使某一時刻不同於其他時刻。」

如果非要我下個定義，「儀式感」應該是一種理想化的生活境界。你說自己「嚮往儀式感的生活」，非常恰當，可你如果說「我每天都過得很有儀式感」那就略顯奇葩了。

這就好比「品味」這個詞，別人誇你很有品味，那是讚美或者恭維，可是你自詡「很有品味」，那就有點大言不慚的意味了。

「儀式感」，無論從表象還是核心解讀，都是聖潔且不可捉摸的，應當被小心翼翼地呵護。一旦暴露天日，它的神祕性就不復存在了。

那些動不動就說自己生活有儀式感的人，反而是日子過得最乏味、最平庸的人。因為他們需要借助這種所謂的「儀式感」的加持，來掩蓋生活的苦澀。

「給我一把刷子，拭去生活的汙漬，揮別往日的風塵，讓一切重新開始。」

拜託，不就是刷個鞋，至於嗎？

＊＊＊

如今，「儀式感」三個字真的被人們用濫了。做事情都要整點才開始做，對方不送禮物就生氣，分手還非要發個即時動態……這根本不是「儀式感」，這就是「做作」！

我在網路上看到過這樣一段話：「人們總喜歡用儀式感去確定一些東西，就好像你總會遇到一個對的人，會去做那件對的事，而在這之前的種種山河阻攔，間隔春秋，孤身一人，山高路遙，都會成為這件事、這個儀式的伏筆。」

可是，生活根本沒有那麼多風花雪月，更多的還是柴米油鹽啊。當然，肯定有人會說：「正是因為生活的柴米油鹽太多了，所以我們才需要風花雪月啊。」

然而，這都不能構成我們掩耳盜鈴，甘願做一隻把頭埋在沙子裡的鴕鳥的理由。你的生活，並不會因為你的自欺欺人而煥然一新。

羅曼．羅蘭說過一句名言：「世界上只有一種英雄主義，就是看清生活的真相之後，依然熱愛生活。」

我的生活很平庸、很乏味，我大方地承認，不憚於任何人的指指點點，依舊樂此不疲地過下去，這，才是我理解的「儀式感」。

# 警惕你身邊的「微渣男」

前兩天我去電影院看了《芳華》，看完心情挺複雜的。怎麼說呢，淚點和吐槽點正好兩者皆有，想寫影評也不知從何下手。

很耐人尋味的一點是，觀影的時候，旁邊有位女孩一直在嘀咕：「劉峰可真是個中央空調啊！」

細細分析，說劉峰是「中央空調」，不無道理。

他一邊渴求著丁丁的愛，一邊又表現出對小萍的無限溫柔，更別提對穗子的莫名關切了……

那麼問題來了，「中央空調」就等於「渣男」嗎？

就此，我和一個女閨密爭論了好久，最後我倆雙雙妥協得出結論——「中央空調」算不上是好男人，但是也不至於到千夫所指的地步。只能說，略渣。

這就是西門君想要探討的一種渣男類型——「微渣男」。

＊＊＊

在聊「微渣男」之前，我們不妨先來定義一下什麼叫作「渣男」。知乎上有一條留言是這麼說的：「他知道你喜歡他，知道你們不可能，但還是一次次地給你希望。你對他來說只是一個可以被任何人替代的角色，他對你來說卻是整個世界。」

一句話定義「渣男」，就是「把好話說盡，把壞事做絕」的男人。比如電影《萬物生長》裡的秋水，在糟蹋了兩位女同學和一位女老板之後，才終於敢坦白：「我一直都覺得我自己很痴情，但始亂終棄的好像一直是我。」

電視劇《回家的誘惑》裡的洪世賢更是渣男的典型——睡完女主角睡女主角的閨密，害得女主角流產墜入海裡。等到女主角變身回歸後，又口口聲聲地說她才是自己的真愛。

俗話說，男人不壞，女人不愛。可事實證明，一旦男人太壞，女人也是不會愛的。

如今，渣男們的日子是越來越不好過了，資訊時代的爆炸傳播，導致他們的醜惡行徑太容易敗露了。

我的一個學妹被渣男前任騙去兩萬人民幣後，怒把聊天記錄和對方的老底分享在微博上，三天後轉發數超過了兩百，那個渣男被罵得直接關閉了微博留言。

做渣男的代價太大了，做好男人又心有不甘，何解？那就取取老祖宗的經，來個「中庸」吧！

於是乎，「微渣男」們應運而生。

＊＊＊

這世上有三種人：好人、壞人和不好不壞的人。

「微渣男」就是中間偏向壞人的那一批，他們壞不至於罄竹難書，但也不是一點毛病都挑不出。

就像電視劇《我的前半生》裡的賀涵，不斷遊走在唐晶和羅子君這對好閨密中間，險些淪為渣男，所幸最後懸崖勒馬，對羅子君發乎情，止乎禮。

又比如《情深深雨濛濛》裡的何書桓，明明和依萍情定終身，可面對如萍表白的時候，卻又忍不住給予了曖昧的回應。當然，最後他還是親手斬斷了自己和如萍的情絲。

你們發現沒有，微渣男普遍有一個特點，就是讓你忍不住想罵，又不好意思罵得太狠。對於女孩們來說，這是一件很麻煩的事。

一方面，他們會占你的小便宜，揩一點油，喜怒無常，慣用冷暴力……

另一方面，他們所有的不當行為，可能真的只是EQ匱乏而已。雖然他們時常犯錯，但是事後也會愧疚不已，主動道歉。

回到文始的那個問題，「中央空調」就等於「渣男」嗎？西門君的回答是：不是。

渣男之所以渣，往往是因為心口不一，暗藏殺機。而「中央空調」之所以為人詬病，是因為他們無差別的「溫暖」，讓人特別不踏實。

就像我女閨密說的那樣：「劉峰是很好的曖昧對象，有上進心，待人接物溫柔體貼。但我是不會和他談戀愛的，沒有安全感。哪個女孩在他面前受了委屈，他都會去撫慰，你讓我這個做女朋友的情何以堪？」當然，這個問題其實是見仁見智的，比如「男生總是帶你逛美食街」，有些女孩會將此視為小情趣，有些女孩則會覺得是對方摳門。鑑於其難以界定性，我更傾向於把「微渣」當作一種行為，而非一種性格。用更直白的話說，其實大多數男人，做過「微渣」的事。比如，他緊緊地牽著你的手，卻又在大街上色瞇瞇地瞟著其他女孩的大腿。

又或者，他和前女友保持著說不清道不明的聯繫，你一查，倒也真的只是普通朋友的關係。

微渣並不等於渣男，可能只是某個男人某一時刻的糊塗行為。（當然，這種糊塗不能對任何人造成傷害。）雖然，微渣男的壞無傷大雅，但是如果不及時警醒，難保不會成為一個名副其實的渣男。

畢竟，沒有人天生是紳士，也沒有人天生是渣男，是這個道理吧？

# 把「無所謂」掛在嘴邊的你，活該沒人要

「沒事，我真的無所謂，不就分個手嘛。」

聽到小琴的這句話，我將醞釀好的安慰的話生生地憋回了喉嚨。「無所謂？難道你對阿譽根本沒什麼感情？」

「不，你錯了。」小琴點起一根菸，「如果一個月前他說要登記結婚，我會不假思索跟他走。」

「那你為什麼……」

「說了大概你也不明白。」

確實，我打從心底難以理解。小琴的前男友阿譽我見過，是一個相當帥氣又很溫柔的年輕人，對小琴的照顧可謂是無微不至。所以他倆突然分手的消息，讓我意外不已。

但更讓我感到意外的，是小琴此時漠然的態度。

「還記得上次你分手，我倆也在這家酒吧喝酒嗎？」我岔開了話題。

「記得，我要點天使之淚（一款極烈的雞尾酒），你死活都攔不住。」

我們相視而笑，隨即又陷入了深海般的靜默。

「那時候你分個手簡直要死要活的，而現在……」

「經歷過一些事之後，人總會成長，然後就會看淡許多。哎呀無所謂，都過去了。」

我揉揉眼睛，恍惚間，我分不清對面坐的是小琴，還是一尊沒有了七情六欲的女菩薩。

＊＊＊

最近，周杰倫的新歌《不愛我就拉倒》在社交平台洗版了。除了「周董」無與倫比的號召力，這首歌之所以洗版還有一個很大的原因，那就是歌詞引起許多人的共鳴——「不愛我就拉倒，反正我又不是沒人要。」

當下許多都市單身男女的感情觀，不就是這樣的嗎？你愛我最好，不愛我拉倒。

我有一個讀者，姑且就叫小L吧，她有天突然留言問我，她條件也不差，為什麼沒人追？

我下意識地翻開她的動態貼文，第一則內容就把我弄得無語了——「我不想做誰的公主，只想做誰的女王。」

我哭笑不得地問她：「看到這種動態貼文，哪個男生還有欲望追你？」三分鐘後，我收到了她的回覆：「單身的時候，難道不應該有傲骨嗎？」

老實說，我當時不知道該怎麼回她。因為我太明白了，她的內心有多糾結和矛盾。一方面，她渴求真命天子快馬加鞭而來，另一方面，她又在用「無所謂」的姿態來武裝自己。

我斟酌好字句，打下一行字：「你比誰都在乎，所以你裝作毫不在乎。」八月長安在《你好，舊時光》裡寫過這麼一段文字：「『你為什麼不理我？』這是只有小孩子才能問出來的話，不在乎自尊，不在乎姿態高低。隨著我們越長越大，所有人都漸漸學會了保護自己，在別人疏遠前先一步動身，在別人冷淡時加倍冷淡。」

你明明很想要，可心知肚明得不到，於是大聲說你不需要，生怕別人聽不到。用Max在美劇《破產姊妹花》裡的話說就是：「我表現得我不喜歡任何事物，是因為我從來沒得到過我想要的。」

＊＊＊

抖音網紅「一禪小和尚」說過一句讓我感同身受的話：「撿到錢的快樂，不會超過一天。可損失錢的難過，會持續很久。痛苦給人的刺激，總是遠遠大於幸福。所以人們寧可不得到，也不想再失去。漸漸地，人們變得不悲，不喜。」

也許，這就是許多人成為「佛系青年」的原因吧。

「去哪兒吃飯？」「無所謂，都可以。」

「你被公司開除了？」「無所謂，換一家不就好了。」

「把你的衣服弄髒了，不好意思。」「無所謂，沖一沖就好。」

可說實話，西門君對「佛系」這個詞無論如何都喜歡不起來。「有也行，沒有也行，不爭不搶，不求輸贏。」看似灑脫的背後，其實是一種漠然的人生態度。

原諒我的直接，可我仍舊想說，喜歡把「無所謂」掛在嘴邊的人，活該沒人要。

原因很簡單——你都不在乎別人了，別人幹嘛還要在乎你呢？

你以為愛情都是守株待兔嗎？你坐在菩提樹下打坐，匡噹一下，一個帥哥就從樹上掉下來砸你頭上了？你是牛頓，他是蘋果嗎？

你說你的「無所謂」是「無所畏」，可在我看來，這更像是「無所為」。

還記得《前任3》的孟雲和林佳嗎？一個以為對方不會走，一個以為對方會挽留，嘴上一萬個無所謂，可內心早已備受煎熬。

人生中的很多事還是應該去爭取，去主動，去「強求」的，別裝得瀟灑，苦了自己。

以前我覺得，撂下一句「我不在乎」，轉身就走的人，多酷啊。可現在我突然覺得，敢當著全天下的面說一句「我在乎」的人，才是真酷。

# 我有當好女人的打算，也有做壞女人的自由

西門君最近在網路上看了一部叫作《情聖》的中國電影，大致情節是這樣的：男主角蕭瀚步入中年後，逐漸對婚姻生活喪失了熱情，直到有一天女神 Yoyo 的出現，讓他重拾了對生活的幻想。在眾好友的「幫助」下，他幾近和 Yoyo 花前月下……不過在出軌前的那一刻，他幡然醒悟，痛改前非，回歸了自己的家庭。

這部電影，是不是讓你聯想到之前大紅的《夏洛特煩惱》和《港囧》？在主題核心上，三者還真的差不多——男人有出軌的想法是很正常的，只要懸崖勒馬，就善莫大焉了。

呵呵，野花給你採了，家裡的花你也貪戀？

從《情聖》裡的一句台詞，你就能一窺電影的觀點：「玩歸玩，最終還是要回家。」

這種「直男癌」的觀念，我作為偽「直男癌」都忍不了，更不用說女性同胞了。

長久以來，我一直有一個疑問——為何沒有電影是講一個女人出軌，最後幡然醒悟的？難道在世人的眼光裡，女性連出軌的資格都沒有？

＊＊＊

縱觀明星的花邊新聞，基本都是男星出軌，女星紅杏出牆的並不多見。然而讓人費解的是，同樣都是出軌，輿論的壓力更多是施加給女方，狂罵其失了婦道丟了操守。至於男方，批判自然也有，但是相比前者，寥寥無幾。

似乎人們的潛意識裡認為，男性出軌是情理之中，女性出軌是驚天駭聞。

比如，林丹的「坦承」居然換來了一票人的力挺：「丹哥敢作敢當，夠man！」

對不起，您是不是對「man」有什麼誤解？

至於文章、陳思誠等人，更是有粉絲為其開脫：「一定是有什麼難言之隱。」「其中是有什麼誤會吧。」

這不是雙重標準，什麼是雙重標準？只能說，這個社會的輿論對女性實在太不友好，卻對男性的過錯格外包容，其中，還不乏大量的女性擁護者。何其悲哀！

曾有一位讀者留言給我，抱怨自己的男朋友一方面約束自己和異性的接觸，一方面卻又和各種女生曖昧不清。我問她：「這麼不公平的事，你居然都妥協了？」

「他說，男人不都是這樣的嘛！所以我才來問你，你們男人真的都是這樣想的？」

聽到這話，我竟一時語塞。

除了這位讀者，我周圍一些小姐妹的想法，也在顛覆著我的戀愛觀。「其實，我男朋友偶爾會在外面玩一玩，他以為我不知道，其實我都了然於心。只是看在異地戀的份上予以理解。畢竟男人嘛，有些方面確實憋不住。」

「那你，也約過嗎？」我震驚地看著她，小心翼翼地試探道。「當然沒啊，我沒那麼飢渴。」她苦笑了一下，「再說了，我也不敢。」聽完她的故事，我除了沉默，還能說什麼呢？

誠然，每對情侶都有自己的相處模式，但我竊以為，在戀愛之中有兩個字很重要，那就是「公平」。要規矩，那雙方就好好地遵守規矩，要玩，那雙方都痛痛快快地玩。

張柏芝在電影《我家有一隻河東獅》裡的那段經典「控訴」，叩擊了無數女性的內心：「憑什麼要求女人一生忠於一個男人，而男人卻可以隨意三妻四妾？」

＊＊＊

前段時間「劉強東性侵案」鬧得滿城風雨，大家在抨擊強哥的時候，也不忘「調侃」一下奶茶妹妹：「從今天起，奶茶妹妹可以改名為抹茶妹妹了。」

好笑嗎？真的好笑嗎？

對於輿論和家庭倫理的受害者，我們的第一反應居然不是安慰，而是調侃。

西門君無法想像，如果被爆出軌的是奶茶妹妹，輿論將會是怎麼樣的導向？

我們可以試著腦補一下——

「清純只是假象，淫蕩才是真相！」「老公是京東ＣＥＯ還出軌，心疼強哥。」

……

從古至今，女性一直在努力擺脫著「三從四德」的枷鎖。這幾年「女權運動」如同星星之火那般燎原，可惜現實殘酷，把女性視作「家庭保姆」和「生殖機器」的，依舊大有人在。

面對多年來的性別歧視，一部分女性選擇了對抗，一部分人選擇了隱忍。就我看到的而言，後者的比例似乎更大一點。

這世間有多少的不公，都是源自受害者的沉默。比起被渣男們傷害，更悲哀的是，你麻木而坦然地接受了這一切。可是，女孩們，沒人可以剝奪你「反擊」的權利。

需要澄清的一點是，我從來不鼓吹任何形式的出軌。只要是出軌，無論是誰，都理應受到譴責和懲戒。我只是不解，為何出軌這件事上「只許州官放火，不許百姓點燈」？

曾經看過一部謳歌女性獨立自主的小說，書名我忘了，但是其中女主角的一句話，令我印象深刻：「我有當好女人的打算，也有做壞女人的自由。」

而這，也正是我想表達的。

第六章

# 我把你當朋友，你把我當流量

任何人都能對朋友的不幸感到同情，但要消受一個春風得意的朋友，則需要非常優良的天性。

——王爾德（英國作家）

# 我把你當朋友，你卻把我當流量

一位網紅朋友和我吐槽，他煩透了一些所謂的「社交場合」。

「經常有品牌方和自媒體同時邀請我參加活動，還是不給錢的那種。我想都是老朋友了，也就無所謂了。但越去越感覺不太對勁，他們介紹我的時候，重點都在我的頭銜和影響力上，關於我的作品，他們幾乎隻字不提。後來我算是看透了，他們邀請我參加活動，不過是想藉我的名氣，吸引流量罷了。呵呵，我把他們當朋友，他們卻把我當流量。」

我完全可以體會他的煩惱。之前有一個出版社的編輯聯絡我，說我的文章挺有意思的，問我有沒有出版的意向。

毫無疑問，我當然一口應允。不過在須臾之間，我的腦海突然閃過一絲複雜的情緒。

其實在一年之前，我就有過可以出書的契機，但那時候不是編輯主動來找的我，而是我託朋友在問：「我想出書，誰可以幫忙介紹一家可靠的出版社？」

後來，我順利聯絡到了某出版社的編輯，他看了看我的公眾號，說內容確實不錯，可以幫我出書。

我正暗自高興著，他冷不防地問了我一句：「西門君，你的粉絲數方便說嗎？」

我忐忑地報出數字。突然間，他的語氣一百八十度大轉彎，講了一句令我永生難忘的話：「你的流量不太夠啊，朋友。」

當時我有點傻，心裡嘀咕了一句：「你到底是編輯還是行動電信的客服啊？流量不夠？我是不是還得儲值辦個套餐？」

這是一句玩笑話，我當然知道當今社會的「流量」是什麼意思——說通俗點，就是粉絲數和關注度。有一位著名的自媒體人甚至直言：「網際網路時代，得流量者得天下。」

當時我可能也有點年輕氣盛，反嗆編輯一句：「你看我的內容其實還不錯，就因為我的閱讀量不太高，粉絲不太多，難道就不能出版了嗎？」

他說，也不是不可以，但是需要我自費墊付幾萬的出版費。因為像我這樣沒有名氣、沒有流量的「小咖」，作品出版後能賣出多少本是未知數。理論上，幫我賣書純粹是在賭博。

我表示婉拒後，他又補了一句：「如果滯銷了，損失可是由我們出版社來承擔。恕我直言，同樣都是出書，我們為什麼不找流量大的作家合作呢？」

他句句有理，我根本沒法反駁。

時光翻回一年後，另一位編輯來找我，他得知我現在的閱讀量和粉絲數還可以，所以想邀請我出書。我當時腦海裡飄過一句俗語——「三十年河東，三十年河西」。

諷刺的是，如果我去年就出了書，精選的文章也差不多是那幾篇，一貫的文風也沒有什麼特別大的改變，唯一改變的是我的閱讀量和我的知名度，或者說得更直接點，是我比以前更有流量了。

我永遠也想不到，自己贏得一個陌生人的青睞和尊重，居然是因為一堆數字。

＊＊＊

不知何時，「流量思維」慢慢滲入了我們的生活，你在微博和抖音上看到一個人的粉絲只有兩位數時，你會不屑一顧地自動忽略，可如果一個人的粉絲數有六位數，你會莫名對他「肅然起敬」。於是，不計其數的人動起了流量的歪腦筋。

我有一個自媒體同行，一開始挺踏踏實實做內容的，後來呢，也許是受到一些「高人」的指點，他透過一些入流或者不入流的行銷手段，迅速擴大了自己的粉絲數，現在他一篇文章的廣告費，是很多人一個月的薪水。

但是，現在再去看他的文字，實在覺得太浮躁、太空洞、太無病呻吟了，純粹是投人所好而生的產物。

我直截了當跟他說：「你變了，你以前不是會那麼刻意地討好別人的寫手，可現在我感覺你的文章就是為了討好客戶，討好大眾。」

他的回答令我愕然：「西門君，沒有辦法，我需要流量，流量 is money（是錢）。」

你問我嫉不嫉妒他，如果我說我不嫉妒，那肯定是撒謊，我當然嫉妒，嫉妒得要命。

但是我堅信，在這個「流量為王」的時代，有些東西比流量更重要。比如良知。

前有「王利芬慶祝茅侃侃離世文章十萬加」，後有「二更食堂用不當言辭描述空姐遇害」，究其背後的原因，是太多個人和企業為了博取眼球、謀得流量、不惜踩破了自己生而為人最基本的道德底線。

如此得來的「流量」，不過是淌著人血的陰溝河。

***

王朔有本書的名字很有意思，叫《看上去很美》，用來形容這個流量為王的時代再恰當不過。所有人戰戰兢兢地為了一堆數字廝殺著，沉下心做內容創作的人越來越少，發行量、收視率、票房，只要有人買單，通通可以造假。可有什麼辦法呢？只要有人需要虛假繁榮，自然就有人會製造虛假繁榮。

欣欣向榮是錯嗎？不是，錯就錯在它把懷揣理想的內容創作者逼到了絕路。就像《新周刊》說的那樣：「你可以信奉行得正、坐得端的準則，可以堅信用心做內容自然有人看得見，堅信真實的力量和不逾矩的初心。問題是，你的對手可能沒這麼規矩正直，他們可能水準不高，可能沒有操守，可能被各種壓力所迫……他們最後擊敗你，只需要一個簡單的數字。」

我聽過一句至理名言：「如果你沒法擊敗他們，就加入他們。」許多曾經傲骨錚錚不媚世俗的人，一個接一個地向流量低下了高貴的頭顱，走上了譁眾取寵、粗製濫造甚至洗稿抄襲之路……嗚呼哀哉！

電視節目主持人崔永元說過一句名言：「收視率是萬惡之源。」可是我想說，在這個網路時代，恐怕流量才是萬惡之源吧。

最後，分享一段我和某位舊友分道揚鑣前的對話——

「我把你當朋友，你把我當流量？」

「如果不是因為流量，我們又怎麼會成為朋友？」

# 爺爺的葬禮上，我打開了直播軟體

在十年前，如果你問我哪裡孝子最多，我一定回答不上來。但是十年後的今天，你問我這個問題，我可以果斷回覆你四個字：即時動態。

假設你前幾天也在微博上看到這則熱門搜尋的話，就會知道我不是在聳人聽聞了。

「親友去世，我在即時動態直播。」剛看到這個話題的時候，我嗤之以鼻，以為又是微博搞的什麼「標題梗」。但當我點進去的時候，整個人傻眼了。

首先映入眼簾的是一個男人的直播主頁，主題是「爺爺去世，我晚上接著直播」。不僅毫無悲傷之情，而且一臉無所謂的樣子。

震驚之餘，我點開了照片下面網友的評論，他們的經歷徹底刷新了我的觀念：

「我認識一個從他親人入院到逝世再到頭七都發即時動態的人，太嚇人了！」

「你們見過和屍體一起自拍的人嗎？你說晦氣不晦氣！」

「你們都弱爆了，我還見過一個用美顏相機拍骨灰盒加湊成九宮格的妹子！」

這究竟是人性的扭曲，還是道德的淪喪？世界之大，真是無奇不有啊！

我就想問那個在爺爺葬禮上開直播的朋友，我很好奇你在鏡頭面前會說些什麼。

「我的爺爺不幸去世了，各位老鐵，走過路過刷個火箭唄，咱想辦法讓老爺子順利升天！」

「不用安慰我，我沒事，都幾十歲的人了，咱啥場面沒見過！感謝這位來自杭州的朋友，您送的愛心太溫暖了！」

……

這養的是什麼畜生子孫？如果我是他爺爺，絕對氣得從棺材裡跳出來用拐杖敲爆他的狗頭。

＊＊＊

在這個資訊時代，發什麼動態貼文固然是你的自由，但是別忘了，同時它也是一個半開放的社交領域。當你在社交平台上傳那些令人不悅的照片和影片時，考慮過微信好友的感受嗎？

前幾天我正在邊吃麵條邊滑手機即時動態的時候，忽然滑到一則：「哎呀，這盤菜放了一個星期忘記收拾，居然腐爛成這樣了？」看得我當時胃液都嘔出來了。

吐完後我越想越氣，於是想點開頭貼看看對方是何方神聖。一看高解析圖，禿頭，大肚，滿臉寫著「油膩」二字。不爭氣的我，又吐了一次。這回我可忍不了了，直接把他拖入了黑名單。

連腐爛的食物都這麼讓人反胃，何況是那些涉及神靈和鬼怪內容的動態貼文呢？

我想許多人應該都聽過一個不成文的規矩——別在鏡頭前與逝者同框。這不僅是出於一種敬畏，更是出於對逝者的尊重。

可是就有人「明知山有虎，偏向虎山行」，不僅發到即時動態，甚至還「喪心病狂」地開起了直播。這樣做的原因，無非是出於畸形的求讚心理。

家人去世，是每個正常人最悲慟的時刻。你在這個時候發親人臥病在床的照片、親人的遺照和葬禮的影片，無非是想以此博得別人的關注，讓別人知道你有多善良、多孝順，從始至終都沒有離開過家人半步。

可事實上，你大錯特錯。你發的動態貼文確實博得了朋友的關注，但是當他們看到這些圖片和影片的時候，可能心裡想的卻是：「家人去世了你還有心情發即時動態，簡直沒心沒肺！」

而且，你說我看到類似訃告的動態貼文，我是按讚呢？還是不讚呢？我真的很無奈啊！

＊＊＊

因親人離世正經歷切身之痛的人，是完全沒有閒心發動態貼文的。

我有一個朋友，聽聞自己外婆去世的消息，備受打擊，難過得兩天沒有吃下一口飯。

我見到她的時候，被嚇了一跳——她整個人精神恍惚，雙眼無神，鼻子被紙巾擦得通紅。

一開始我還不知道發生了什麼，直到我小心翼翼地詢問後，才得知背後不幸的原因。

當然，西門君清楚，不是所有在即時動態分享喪事的行為，都是出於博取眼球的心理。只是，無論如何，作為生者，我們應該最大限度地避免做出褻瀆死者的行為。

尤其是「直播葬禮」這種事，小則敗壞了自己的人品，重則抹殺了自己的陽德。我真的無法理解這種行為，用屍骨未寒的親人來騙取流量，你的良心真的不會痛嗎？

人的生命如同一盞明燈，人死了，燈就滅了，這便是所謂的「安息」。可是當你用人間的聒噪去煩擾逝者時，他們又如何安息呢？

《月亮與六便士》裡有一句話我特別喜歡：「我那時還不瞭解人性多麼矛盾，我不知道真摯中含有多少做作，高尚中蘊藏著多少卑鄙。」

拜託了朋友，住手吧，別讓你口中的「孝順」，成為作秀表演。

## 你已退出高中群組

「下個月的班級聚會你去嗎？」一位高中同學在微信上問我。「算了吧，我把那個群組都退了。」

他發來一個震驚的表情並問我：「為什麼？」

「你不覺得他們聊的內容很沒有營養嗎？而且我的群組太多了。」

「西門，你什麼時候變得這麼功利了？」

「我只是不想把時間浪費在於自己無益的人身上，僅此而已。」

我的「無情」背後有一些難言之隱，我就長話短說了吧。

退群之前，群組裡幾個不好對付的人一直在拿我調侃：

「哎喲，草哥（我是高中班草），居然當過綜藝節目『跑男』導演，不得了了啊。」

「嘖嘖嘖，看你的公眾號，這是要爆紅的節奏啊。」

「現在成網紅，就不理老同學們了？」

……

我一開始打算視而不見，可是當他們排隊標註我的時候，我實在有點忍無可忍了。

我去找帶頭挑事的那個女同學私聊，質問她是什麼意思。

「開個玩笑而已，有必要那麼大火氣嗎？真把自己當網紅了？」她冷嘲熱諷道。

看到這句話，我不假思索地封鎖了她，接著立刻退了群，整個過程一氣呵成。

一開始我還有點內疚，人家畢竟是女生，我這樣做會不會顯得太小肚雞腸了。直到後來，有人透露給我一個祕密：「她們幾個女生建了一個小群，整天拿你開玩笑取樂。猜想是接受不了高中平庸的你，現在居然混得還不錯吧。」

每個人讀書的時候總是會遇見這樣的人，他們表面跟你裝笑面虎，卻不知道暗地裡捅了你多少刀。

我高中時和班裡幾個女生的關係一直很不好，我嫌她們市儈，她們嫌我裝腔作勢。大家日常的相處模式基本上是「嘴上笑嘻嘻，心裡在罵人」。

高中畢業後的兩年，微信橫空出世，QQ大有退隱江湖的趨勢。社交軟體的更迭使得老同學間的關係淡了不少。

不過大三的時候，我還是被班長生拉硬拽地加入了高中微信群組——因為班級要舉辦聚餐了。雖然一百個不情願，但念及舊情，我還是去了。

然後，我就後悔了。

女同學們比以前更會打扮了，然而也更加市儈了。我書看得比以前更多，所以聊起天也更裝腔作勢了。除此之外，大家學的專業各不相同，聊的話題完全不一樣。更令人厭煩的是，富二代們為了彰顯自己從學渣鹹魚翻身後的揚眉吐氣，瘋狂地炫富著：「等會兒要不去哪裡哪裡玩吧，我訂個豪華包廂！」

最後可想而知，那次聚餐大家不歡而散。

在回家的路上，我想明白了一個道理——那些天生和你三觀不合的人，無論歲月如何變遷，他們依舊無法與你產生一絲的共鳴。

＊＊＊

小白告訴我他準備明年結婚的時候，我立刻甩了他一句：「伴郎是我吧？」

「那誰還敢做伴娘？」他對我翻了一個白眼。我們一邊對笑，一邊痛飲。

小白是我國中的室友，也是我的高中同學，數數我倆已經認識十餘年了。

國中時我比較文弱，有一天被「寢霸」欺凌了。第二天，小白就把那個「寢霸」給揍了，末了還裝酷地說道：「我揍他不是因為幫你出頭，而是我看他不爽很久了。」

那一刻，我就覺得，這個兄弟我交定了。

高一開學，當我倆發現和彼此分在同個班的時候，我們對著對方異口同聲地說道：

「你也在這兒？」

從那之後，直到上個星期，我倆總在一起喝酒聊天。說來這也是一件蠻神奇的事，我們的喜好和工作領域相差甚遠，卻可以成為兄弟，也許這就是所謂的「羈絆」吧。

我和小白，還有另外幾個高中男生有一個小圈子，每年我生日的時候，他們都會悉數到場。

其中有個叫老金的兄弟，某一年我生日，等他趕到我的聚會的時候，蛋糕都吃完一大半了。

「老金，你以前都蠻準時的啊，這次怎麼回事？」

「不好意思啊，草哥，我今天剛剛出差回來。」

「好吧，罰你半瓶酒！」

「就這麼辦！」

後來我才知道，他那次出差根本就沒有結束，能提前回來是向主管特別申請的。說實話，我特別感動。

圈子裡除了小白和老金，還有海哥、棟棟、凱哥、胖子……我和他們的故事，也許講一天一夜也說不完。

「你們去下個月的高中聚會嗎？」我問他們。

「咦？我們幾個見面不就是高中聚會了嗎？」

我從不後悔退出高中群，因為我最好的高中同學，他們就在我的身邊。

＊＊＊

在我退出高中聊天群以後，至今沒有一個人勸我回歸。也許，他們至今都沒發現我退群了。

人們總是會過度美化同窗同學，稱他們是「上天的安排，奇妙的緣分」。其實，並不是。

誰和誰成為同學，不過是一場巧合。當巧合過了，一些人與你成為摯友，一些人則淪為路人，這再正常不過了。不必哀傷也不必遺憾，因為這就是「生活」。

我很喜歡網路上看到的這樣一段話：「一個人突然和你斷了聯絡，或許不是因為發生了什麼事情，也不是因為你做錯了什麼讓他不再願意和你做朋友。也許僅僅是因為，他並不喜歡曾經的自己，他想逃離，而你，剛好就是他那段時光的見證者。為了徹底地拋棄不喜歡的自己，他唯有與你告別。」

就這樣吧，再見。

「你確定退出該群組嗎？您將不再接收該群組的任何消息。」

「我確定。」

「你已退出高中群組。」

# 致我被孤立的那幾年

昨晚，西門君看完一部叫作《聲之形》的電影後，心情久久不能平靜。它講的是有聽覺障礙的少女西宮硝子，被壞小子石田將也欺負，卻依然堅持用真誠和善良去感化對方的故事。

是的，這是一個關於「校園霸凌」的故事。

這幾年，關於「校園霸凌」的社會新聞層出不窮，比如之前鬧得沸沸揚揚的「中關村二小事件」。毫不誇張地說，「校園霸凌」已然成了戕害社會的毒瘤。

我曾經發起過一個互動話題——「你校園時代被欺負過嗎」。話題發起後不久，我就收到了數十則讀者的回覆，描述他們的「悲慘回憶」：「我被騙到男廁所，她們圍在廁所外面大笑，我卻哭得泣不成聲。」

「書包被人從樓上扔到垃圾堆裡，翻出來的時候，已經髒得沒法用了。」

「國中莫名其妙被孤立，而且，是最好的朋友帶的頭。」

是不是很可怖？但是更可怖的，不只一人留言說：「我沒有被欺負過，都是我欺負別人。」

我不知道他們留言的時候是什麼心態，是炫耀？是懺悔？還是根本不痛不癢？

我恨這些留言。因為它們，我又想起了自己被孤立的那幾年。

＊＊＊

國二的時候，寢室住進兩個男生，A和B，他們都是隔壁班的。A是那種略顯魁梧的男生，而B則是瘦高型的。

當時我心下一緊——來者不善，我怕是要遇上劫難了。事實證明，我的顧慮並非空穴來風。

某一次我和B激烈爭執後，他當著我的面把一整盆冷水澆在我的床上，當時我選擇了把憤怒憋回心底。畢竟A就站在旁邊，一旦動手他肯定不會站在我這邊。

我原以為此事很快就會落幕，沒想到B變本加厲，只要我不順他的意，他便往我的床上澆水。

我也會反擊，比如趁他不在的時候以其人之道還治其人之身，但是這麼做的結果，就是我曬的衣服再也沒有乾過。

我心想，冤冤相報何時了？不如找他好好談一次，也許能夠化干戈為玉帛呢？

「喂，B哥，你收手吧，冬天你往床上澆冷水，要凍死我？」

「有道理，那就不澆冷水了。」

然後那一晚，我的床上灑滿了滾燙的開水。諷刺的是，那瓶水還是我裝上來的。

我覺得這樣下去不是辦法，於是想了一個辦法——用天天打洗腳水的代價，認了A做大哥。

B很怕A，後者只要咳嗽一聲，前者就嗖的一下縮到床角去了。在我「忍辱負重」之下，國中最後一年我們總算是相安無事地度過了。

畢業那天，我們各自在寢室裡打包行李，B笑嘻嘻對我說道：「這兩年不好意思啊，我是看你比較好說話，所以弄了你兩年。」

「哦，可我不會原諒你的。」我扛起行李走出門，頭也沒回。

為什麼不原諒？很簡單，因為對惡人的原諒，是對善良的自己的最大殘忍。

＊＊＊

把日曆翻回小學三年級，由於搬家，我轉校到了新家附近的小學。當時我的性格十分靦腆，下課後基本都是一個人在看漫畫，所以不怎麼和班裡的同學交流。漸漸地，班裡就開始流傳：「那個轉校生總是裝酷，真討厭。」

我也不想去反駁什麼，只想沉浸在自己的書本世界裡。

按照正常的劇本，我應該是那種讀書成績鶴立雞群的類型，可是剛好相反，我的數學差到「人神共憤」的地步。久而久之，流傳的聲音轉變成了：「哼，裝那麼酷，課業上還不就是菜鳥一個。」

「哈哈，說得好，就這麼叫他吧，菜鳥！」

如果你也有過被取綽號的經歷，一定明白那是何等屈辱和折磨。不堪重壓之下，我把這一切告訴了班導師。於是在班會上，班導師怒斥道：「是誰替張同學取名『菜鳥』的？給我站出來！」

……

這下可好，連隔壁班都開始有人叫我「菜鳥」了。

那次班會之後，大家開始當著我的面指指點點道：「我們都別和他說話了，打報告的小人！」

多麼諷刺啊，我明明是一個受害者，卻儼然成了令人膽寒的劊子手。數學課小老師故意不收我的作業本，因為她認為我肯定做不出。

我隨便和一個同學搭話，對方先要做一個姿勢，大喊「啟動菜鳥防護罩」，然後再笑著問我有什麼事。

還有一次，我被關在教室裡，半個班的男生堵著門不讓我出來，最後上課鈴響，我才得到「解救」。

最讓我心寒的，是我當時最好的朋友小強。他放學會和我一起走，但是白天卻裝作和我不熟。

「抱歉啊，如果我和你走得太近，他們也會孤立我的。」

也許是太小就經歷了如此磨難，導致我小學時的思維就有一種超脫年紀的深刻感。我當時的語文老師發掘到了這一點，所以對我的作文讚不絕口。

漸漸地，同學們發現，雖然這個轉校生數學很差，但是他的語文成績一騎絕塵啊！

我順理成章成為語文課小老師後，之前那些孤立我的男生紛紛過來巴結我。更有甚者，直接提出只要我願意幫他代寫作文，「我承包你一個月的辣條」。

這些說變就變的嘴臉，我當時也讀不懂，滿腦子只有兩個字：噁心。小孩子其實是沒有什麼善惡觀的，他們之所以跟風抱團，無非是因為沒人想做被孤立的那一個。小孩子是如此，大人亦是如此。

＊＊＊

余華說過，孩子們都是暴君。校園霸凌現象無法根絕背後的原因，是大人們的漠不關心。

父母覺得，讓小孩子自己解決小孩子之間的矛盾，大人不應該插手。老師覺得，小孩只是鬧著玩，沒必要小題大作，能少一事絕不多一事。

於是，在大人的縱容下，一幫「惡童」無所顧忌地對他人的身體和尊嚴肆意踐踏。

詹姆斯在科幻小說《人類之子》裡寫下過這麼一段文字：「如果你從小就把孩子奉若神明，那麼他們成年後就會行如魔鬼。」

知道這個社會為何如此險惡嗎？因為那些年被大人縱容的壞孩子，都長大了。

# 我欠十五年前的同班女同學一句「對不起」

前天看到一則新聞，令人拍手稱快——

廣東頒布治理校園霸凌方案，「起侮辱性綽號」也屬霸凌。學校對於屢教不改或者情節惡劣的霸凌者，在進行批評的同時給予懲戒，嚴重者可以給予留校察看、勒令退學、開除學籍的處分。這些年「校園霸凌」之風越演越烈，相關部門是該整治整治了！

有些人可能覺得，取綽號不過是同學之間開開玩笑罷了，沒必要小題大作，更不至於上升到「校園霸凌」的程度。

然而，玩笑只有在被開玩笑的人也覺得好笑的前提下，才能叫作「玩笑」。不然，它毫無疑問就是「霸凌」。

關於「綽號」這件事，有一天我閒來無聊，在讀者群裡發了一個互動話題：「你們上學時候都被取過什麼綽號？」

大家七嘴八舌地回答：「矮冬瓜」「小馬鈴薯」「小馬哥」……

一開始，大家都是輕鬆地回憶這些綽號的，可聊著聊著，群裡的氣氛莫名變得沉重起來。

「我曾經因為胖，被同學嘲笑了兩年多。」

「啊，我也是！」

他們的對話讓我想起了一個人——我十五年前的同班同學，小睿。

＊＊＊

在我的印象裡，小睿是一個戴著厚重的眼鏡的胖女孩，外形上用「其貌不揚」來形容她絕不為過。

國中是青春懵懂期的開始，許多人已經對「美醜胖瘦」有了自我的見解。於是慢慢地，班裡的同學開始搞小團體了——長得好看的和長得好看的一起玩，成績好的和成績好的一起玩。

像小睿這種成績不好、相貌又過不了關的人，註定是「孤家寡人」。不過，被孤立還不是最慘的，最慘的是，被孤立還被取了不友善的外號。

「她都這麼胖了還在吃零食，乾脆叫她『胖睿』得了！」

是誰第一個叫出「胖睿」這個綽號的，我已經記不清了。我只依稀記得，每次有人對她喊出這兩個字的時候，我看得出，小睿很生氣，可她卻憋著不說。然而她越沉默，喊她「胖睿」的人就越多。

如果不是因為調換座位，我猜想這輩子不會和她有任何的交集。「ZYF，從現在開始，你和P睿做同桌。」聽到班導師說出這句話的時候，我整個人是崩潰的。

在一片起鬨聲中，我抱著書包默默地坐到了小睿的身邊。

「你好。」她微笑著和我打招呼。

「一點都不好。」我嘟囔著。

你們是不是以為之後會發生什麼青春狗血的劇情？讓你們失望了，並沒有。但是如果非要深究起來，倒也確實發生了一件讓我愧疚至今的事。

有一次午休時候，我路過學校的心理輔導室時，與從裡面出來的小睿擦身而過。不過，她似乎並沒有看到我。

下課的時候，我無意地和班上的同學講了這件事。結果，各種版本的流言很快甚囂塵上，成了同學們新一輪調侃小睿的「利器」。

「她是不是成績太差，憂鬱了？」

「聽說，一定是因為太胖被學長拒絕了！」

作為她的同桌，我起初絲毫沒有察覺到什麼異常，只是她上課偶爾會走神，眉頭也鎖得很緊，一副心事重重的樣子。

如果不是親眼撞見小睿哭得梨花帶雨，我猜想一輩子都不知道自己造的孽有多重。

某天下午，我上體育課時扭到腳了，不得不回到教室休息。剛推開門就聽見小睿在抽泣。

「你沒事吧？」我小心翼翼地詢問。

「我真的沒有心理問題，我只是胖而已啊。可是我胖，招誰惹誰了呢？」

她說得沒錯，肉長在自己的身上，並沒有妨礙到別人，招誰惹誰了呢？

然而，出於某種怯懦，我沒有接話也不敢坦白告訴她，其實謠言的源頭，來自她的同桌。

我害怕她知道真相，更害怕她早就知道。

後來，我們很平靜地畢業了，班裡沒有人為自己稱呼她是「胖睿」而自責過。因為大家覺得：「這只是一個玩笑而已，何況同學們都在喊，又不只我呀。」

小睿在這三年到底隱忍了多少委屈和痛苦，沒有人知道，也沒有人關心。

波蘭詩人斯坦尼斯耶曾經說過一句話：「雪崩時，沒有一片雪花覺得自己是有罪的。」

＊＊＊

我之所以內疚，不僅僅是因為自己的無心之舉，險些給一個青春期少女的心靈烙下陰影，更多的是因為，我本應該站出來為小睿發聲的，可我沒有。

光陰荏苒，我已經記不清我和她之間的對話了。但印象最深的一句是，她咬著嘴唇問我：「為什麼，你要這麼排斥自己的同學呢？」

在國中的時候，我也是被寢霸欺凌的對象。

同為受害者，出於同病相憐的心理，我理應堅定地站在小睿那一邊。但我出於種種原因，卻無恥地走到了她的對立面，成了一個沉默的施暴者。

是的，在喊她「胖睿」的嘲笑聲裡，有幾分貝是屬於我的。如果時光回溯，人們將此視為「校園霸凌」的話，身為當事人的我，難辭其咎。

就像《悲傷逆流成河》裡說的那樣：「在這一場名為『玩笑』的鬧劇中，沒有旁觀者，只有施暴者。」

如果可以，我想和她……不，和你，P睿，說一聲「對不起」。原諒我，直到十五年後回首青春的時候，我才意識到當初的自己是多麼的不可饒恕。

# 我拒絕湊團購後，被死黨封鎖了

「西門，最近過得怎麼樣？」某天看書的時候，我收到了鵬仔發來的一則微信。

鵬仔是我的大學死黨，但畢業以後我倆也沒什麼聯絡了，畢竟在兩個城市，共同話題越來越少，交情變淡也是難免的事。

「我還好，你呢？」「一般一般，哈哈。」

天南地北地扯了十分鐘後，他冷不防地發來一個連結：「對了，這條牛仔褲真的蠻適合你的，我也想買一條。一起唄？湊團購只要人民幣六十九元！」

說實話，我當時有種被玩弄的感覺，正想發火，轉念一想這麼多年的同學情誼，也就罷了。

「要不你找別人吧，我牛仔褲蠻多的，不好意思啊。」我斟酌後回了這麼一句。

結果，鵬仔並沒有回覆我。一開始我也沒在意，等到兩天後我整理通訊錄的時候才發現，他已經封鎖我了。

我呆若木雞，不知道自己到底犯了什麼錯。我發了一則簡訊給他，態度誠懇地問他我究竟哪裡惹到他了。

過了半小時後，他回我了：「西門，咱倆大學可是穿一條褲子的兄弟，如今你卻連一條牛仔褲都不願幫我湊，你變了，就這樣吧。」

看到這段話，我的心裡五味雜陳。有委屈，有悲傷，有憤怒，但更多的是莫名其妙。

我感覺自己像被強行拽入了一幕鬧劇，可我還沒開始演，對方就自說自話，把我給槍斃了。

＊＊＊

隨著手機、網路的日益普及，越來越多的人選擇透過微信賺錢，比如社交平台裡湧現的一大批微商。

說實話，我不排斥微商，也沒有絲毫歧視的意思，只是那些三天兩頭地問我要不要「順手」買潮牌的朋友，真的讓我左右為難。

幫你吧，可我是真的不需要，而且我習慣上淘寶或者去專櫃購買。不幫你吧，又感覺自己不夠講義氣，而且好像顯得我還很小氣似的。

真是難做人！

我討厭這種一上來就推銷的，但更討厭像鵬仔那樣兜著圈子求你湊團購的。

大家都是成年人了，這種為了利益而鋪墊出的嘘寒問暖，真的沒有意思。人心都是肉長的，你讓我重溫昔日的時光，又親手打破了這份感動……不覺得自己有點虛偽？

我把你當朋友，你卻把我當提款機，變著手法地想要剃我的「羊毛」。

當然，有些時候我們礙於情面不得不幫著砍價，於是你開始了如下的操作：點擊連結，根據提示下載 App，然後微信登錄，綁定各種個人資訊，確認砍價，跳回微信……一頓操作之後，幫對方砍了人民幣五毛錢。

你倆一陣尷尬，趕忙用表情貼圖大戰匆匆結束了對話。

經過這一次的不悅體驗後，你痛定思痛，打算無視所有人的要求，結果被「群而攻之」：「你幫那誰砍價，不幫我們湊團購，厚此薄彼，不合適吧？」

你捂住嘴巴，免得噴出一口老血。

不得不「欽佩」團購 App 的行銷手段，用低價和社交的噱頭把你家七大姑八大姨捆綁在一起，搞得家族群沒兩天就成了團購群。

有時候我也會好奇，這個團購 App 到底都在賣些什麼東西？那些冒著得罪人的風險也要群發團購連結的人又是怎麼想的？

出於試驗的心理，我團購了一雙看起來還不錯的人字拖。穿了大半個月，鞋底一下子斷了，結果我只能光著一隻腳一步步地跳回了家。

我問過一個團購成癮的朋友：「你真的是發自內心地信任團購 App 裡的商品品質嗎？」她的回答令我哭笑不得：「便宜沒好貨的道理誰不知道？只是大家互相團購，既成全了彼此的購買欲，又鞏固了彼此的關係，何樂而不為？」

呵呵，說白了，就是想占商家的便宜，但是發現自己一個人占不了，於是只能連哄帶騙地拉朋友入夥。

***

事實上，很多商品明明淘寶上幾十塊錢人民幣就可以買到的，在團購 App 上卻標價一百多人民幣，而發起團購的人為了購得這價值幾十塊錢的商品，樂此不疲地拉了十多個團購好友入夥。

先說明，我從來沒有吐槽團購 App 的想法，就像黑格爾說的，「存在即合理」，它在網路上這麼熱門，一定有它的道理。

只是，無論如何我都對它喜歡不起來。因為團購 App 和其他砍價 App 的存在，讓我和一些朋友的聊天變得不純粹了。

「這個東西便宜又好用，你動動手指就能幫個忙，為什麼不做個舉手之勞呢？」

可是對不起，舉手之勞是謙辭，不是你用來道德綁架的說辭。

沒錯，你是我的朋友，可不代表我有義務幫你湊團購。幫你是情分，不幫你是本分。在力所能及的範圍內，我當然會盡力伸出援手，但是我拒絕被任何人以「友情」的名義綁架我的人生。

你要省幾塊錢的紅包，老子發給你，麻煩別再騷擾我了好嗎？

第七章

# 沒意思的不是工作，是你

這個世界很殘酷，想要什麼東西就自己爭取。

——網路劇《上海女子圖鑑》

# 你不必用加班來彰顯自己的努力

前兩天，有個做管理階級的大哥跟我吐槽：「現在的『年輕人』太吃不了苦了！」

我的第一反應不是附和，而是不爽。好歹我也是「年輕人」，這麼不給面子？

當然，我嘴巴上還是要客套地回應：「好像是。怎麼啦？」

「週末讓他們加個班，不是婉拒就是面露難色，要麼乾脆撒謊找藉口。你說你撒謊就撒謊唄，週末發動態貼文拜託封鎖我，說什麼去外地參加婚禮，可明明定位就在市區，真是無語啊。」

聽完他的這段話，我直接懶得接話了。

這些年，「加班文化」成為一種職場潛規則，彷彿你不加班，就會自動被公司劃入了「不上進」的名單裡。

我想起之前有個微博熱門話題，說的是某公司的主管「質問」實習生週末為什麼睡大覺，「真不懂事，知不知道其他同事都在加班等你！」換作其他實習生，大概早就嚇死了，但這個同學「鐵骨錚錚」，直接怒頂了回去：「第一，昨天沒人和我說需要加班；第二，雙休日本來就是非工作日，我睡了一天憑什麼就要挨罵？平時工作需要加班我都加了，怎麼到了週末加班還成了我的義務了？我不是機器人，沒辦法二十四小時待機。如果您真那麼需要一個積極勤奮、隨叫隨到的實習生，那不好意思，我做不了。您另請高明吧。」

聽著太暢快了！總有些主管，幻想自己是奴隸主人，把員工當成奴隸使喚。彷彿他們和員工簽的不是工作合約，而是賣身契。

不過話說回來，也不能總是怪這幫「奴隸主人」，若不是這麼多人擠破頭想當奴隸，他們也不會這麼囂張跋扈。

***

《奇葩說》中有一期辯題是：「加班該不該讓主管知道？」別人我不知道，反正阿祥一定會堅定不移地選擇正方。

如果你翻閱他的動態貼文，會發現其中充斥著各種諸如此類的內容：

「今天加班到十二點，買個小餛飩犒勞一下自己！」

「只要這個單子可以談下來，最近半個月的加班都是值得的……」

「加班雖然辛苦，但是這段時間我學習到了很多，感謝同事們，今後也要一起奮鬥哦！」

說實話，每次這些話都看得我一陣雞皮疙瘩，但是出於人情往來，我還是默默地按了讚。

有一次聚餐時，我問他，是發自內心地想秀加班照嗎？

他攤了攤手，苦笑一聲道：「我承認，也不排除有秀給主管看的意思。主要，和我一同加班的人都在秀，我不秀就顯得不和諧了啊。」

為了不在競爭的浪潮中被淘汰，因此處心積慮地透過「加班」來彰顯自己的努力，這是什麼歪風邪氣？

＊＊＊

如今非常弔詭的一點是，加班黨對不加班的人有一種天然的鄙視感。你一定聽過這樣類似的抱怨：「為什麼老娘在這加班累得半死，某某某卻一溜煙地就閃人了？」

我不是當事人，不排除其中有「不公平」的因素。但是，每個員工的工作安排因人而異，這種比較毫無意義。退一步說，就算職位一樣，人家卻總能比你早下班，你難道不應該反思一下是不是自己的工作效率太低了嗎？

至於「不加班就是吃不了苦」這種言論，就更加站不住腳了。該吃的苦，我責無旁貸，但是不該我吃的苦，對不起，我拒絕服用。現在有些公司的ＫＰＩ考核標準真的很荒謬——你工作努不努力，比起上班效率，我更在意你的加班頻率。

於是乎，一大票人選擇在上班時間混水摸魚，下班時間則立刻變身為工作機器，演技無縫對接，簡直令人拍案叫絕。

他們假裝很努力，主管假裝很滿意，共同上演一齣《戲精的誕生》。

＊＊＊

「你不必把這杯白酒乾了，喝到胃穿孔，也不會獲得幫助，不會獲得尊重。」

「你不必在本子上記錄，大部分會議是在浪費時間，你不必假裝殷勤一直記錄。」

這是在網路上曾紅過一陣的「不必體」。

西門君也想說，你不必用加班來彰顯自己的努力。你完全可以在下班之後，利用閒暇的時間讀英語，看專業書，學學辦公軟體。

也許這些背後的努力沒法立刻提升你的職場競爭力，但是相信我，對於個人成長，這些可比那些無意義的加班有用多了。

當然，西門君不是慫恿你不加班，沒處理完的工作就該快馬加鞭地做完，這是你的本分。先把自己手頭的工作做好，再去想著怎麼提升自己，別本末倒置。

主管們並不傻，他們固然在乎你有沒有加班，但是他們更在乎的，還是你最終的業績。沒有業績支撐，你加再多的班，也只能證明你是一個勤奮的廢柴而已。

## 換一萬次工作，也掩蓋不了你的職場低能

堂弟又跳槽了，算上實習的單位，這已經是他三年裡換的第七家公司了。

「說吧，」我淡然地問道，「這次又是因為什麼？」

「一提這事我就來氣！」堂弟擰開啤酒蓋，痛飲了一大口，「某個主管，居然在員工大會上指名吐槽我工作沒做到位！」

「就……因為這個？」

「可不是嘛！當時部門的女同事都抿著嘴看向我，我都恨不得找個地縫鑽下去！」

無語了好幾秒後，我又順勢問了他前幾家公司辭職的原因。

不問不知道，一問嚇一跳。他抓抓頭回答，有些是因為「離家太遠」，有些是因為「試用期不代繳『五險一金』（對於中國大陸勞動者所享有的社會保險福利的一種簡稱）」……最奇葩的還是，「因為直屬主管是處女座，老挑我毛病，所以待了一個月就走人了。」

此處你們可以腦補我的表情。

我拍拍堂弟的肩膀問：「你說你這麼顛沛流離，什麼時候是個頭？」「我也不知道啊，」他苦笑道，「那句話怎麼說來的，『車到山前必有路』嘛！老哥，你自己四年也換了三家公司，現在還索性獨立工作了，憑什麼說我呀！」

也許是酒勁上了頭，他這句話真的激怒我了。我輕拍桌子喝道：「你一直換公司，是不知道自己要什麼，而我一直換，恰恰是因為我知道自己要什麼。」

他別過頭去，俊俏的側臉上掛滿了不屑。

＊＊＊

馬雲說過，跳槽無非兩個原因，要麼錢沒給夠，要麼做得不開心。但是，你考慮過沒有，錢沒給夠也許是因為你能力不足，做得不開心也許是因為你不懂人情世故。多從自身找原因，而不是把責任全推給外界。

事實上，很多人根本就沒有搞清楚自己為什麼要跳槽，經常是腦子一熱就掀桌子走人了。這不是瀟灑，這是真傻。

跳槽，跳槽，得有新去處才叫「跳槽」，不然那就叫作「裸辭」。裸辭好不好，這很難評定，但是大部分時候，裸辭肯定是不如跳槽的。

如陳丹青所言：「年輕人自認為掌握的資訊越多越是件好事，可資訊並不等同於眼界。」

我有一個學姐，她父母當年費盡千辛萬苦才把她弄進某公家單位。在基層混了三年後，她覺得沒意思，毅然出來自己做微商，把她媽氣得直接暈了過去。

頭兩年，她的小日子過得還是不錯的，之後由於種種原因，生意江河日下。她不是沒有過懊悔的念頭，可是她心知肚明，自己回不去了。

我舉這個例子，無意臧否她的職業選擇，只是想客觀探討一個問題——當我們對現狀不滿意的時候，離開就是最佳的選擇嗎？

有位教育學家就曾對此談過自己的看法：「現在的年輕人有多浮躁？職場上遇到了麻煩，第一反應不是改正，而是想著跳槽，想著逃避，還美其名曰『嘗試一下新環境』。」

確實如此。那些一時衝動就拍拍屁股走人的人，下場往往就是剛離開了狼窩，又入了虎穴。

恕我直言，朋友，跳一萬次槽，也掩蓋不了你的職場低能。

＊＊＊

在我看來，這個時代的年輕人百分之九十九的焦慮感出於兩個原因：第一，不認命，自己卻又不努力；第二，沒有半點才華，卻又覺得自己是懷才不遇。

你說悲哀不悲哀？

我理解的「跳槽」，是從一個好的地方跳到一個更好的地方。

比如電視劇《我的前半生》裡，亞當就對賀涵直言：「你本身就是品牌，不論你在辰星還是比安提，你到哪裡，我就投哪裡。」這才是職場高能的境界好嗎！

而那些職場低能所謂的「跳槽」，不過就是「換公司」罷了。他們本以為可以迎接一個新的開始，卻不料，等待自己的是一個舊循環的復始。

年輕人不知道這個道理嗎？不，他們當然知道。只是他們成功學的書讀多了，難以自拔。

諸如《你的穩定就是浪費生命》之類的勵志書，通篇都在告訴你一個道理——如果你在職場上遇到了不順心的事，別委屈自己，換了吧，你值得更好的歸宿。

我厭惡成功學最大的原因是，他們只教你怎麼獲得成功，卻從不教你怎麼面對失敗。可殘酷的現實是，我們面臨失敗的機會比獲得成功的機會，要多很多。

人類有一個通病，獲得成功時恨不得昭告天下，遭遇挫折時卻又巴不得撇得一乾二淨，彷彿一切從未發生過。

越是在職場上一無所長的人，越是喜歡推卸責任給公司。聽其離職的口氣，彷彿是他們拋棄了公司一般。

電影《艋舺》裡有段台詞特別椎心：「風往哪個方向吹，草就要往哪個方向倒。年輕的時候，我也曾經以為自己是風。可是最後遍體鱗傷，我才知道我們原來都只是草。」

醒醒吧，你從來就是一根草，請別再一廂情願地幻想自己是一棵參天大樹了，好嗎？

# 辭職半天，我被公司從五個群組中踢出來

「辭職半天，我被公司從五個群組中踢出來！」茉莉憤憤不平地和我們大倒苦水。

茉莉是我的大學學妹，畢業後在一家醫美公司擔任文案企劃的工作。雖然是跨行，但對於天資聰穎的她來說，這份工作並不難上手。用了兩年的時間，她就當上了部門裡的小組長。

但是漸漸地，公司的發展遇到了瓶頸，不得不面臨大轉型，這與茉莉的個人規畫脫節了，於是她便動了辭職的念頭。

「我是上午遞交的辭職報告，流程很快就走完了，我中午就把座位收拾好了，工作上也交接得差不多了。」

「後來呢？」

「晚上差不多到吃飯時間的時候，我發現自己居然被公司從五個群組中踢了出來！」

「這……還有公司群組沒踢你嗎？」我們幾個面面相覷，小心翼翼地斟酌著言辭。

「那還是有的。」

「看來還是有有良心的主管的。」

「那個專案對接群組，我是管理者。」

大家沉默了，尷尬的氣氛瀰漫著整個餐廳。

「當時我還覺得，辭職了立刻退群很不禮貌，搞得我像過河拆橋的白眼狼一樣。結果沒想到，急著劃清界限的，竟然是公司。呵呵，我真的不懂，想讓我退群，私聊或者標註我一下難道會死嗎？」

茉莉端起酒杯，一飲而盡。

＊＊＊

前段時間有一篇名為「離職三天，我被二十個同事集體封鎖」的文章流傳甚廣，文章中一個叫晴晴的女孩，因為辜負了公司多年的栽培，主管要求員工們集體刪除她的微信。

是不是很荒誕可笑？

主管的栽培固然值得感謝，可是我來公司工作，畢竟是為了實現個人抱負的，用公司的價值觀捆綁員工的自由意願，這恐怕有點道德綁架的意味了吧？

況且，大多數人工作的時候都是勤奮努力、兢兢業業的，因為一個人的離職就否認他為公司做過的貢獻，簡直滑天下之大稽。

拿我自己的經歷來說，在前公司的時候，「在職員工不得談論離職員工」已然成了公司不成文的規矩。有一次我按捺不住好奇心，諮詢了某前輩形成這項規矩的原委，他嘆了口氣道：「當年市場部的副手離職的時候，帶走了一票重要客戶，氣得王總火冒三丈。」

聽完前輩的解釋，我似乎能理解那些憤恨離職員工的主管的心緒了。陪自己征戰多年的兄弟姐妹，說拋棄就拋棄，說跳槽就跳槽，確實讓人不得不憤慨「一片真情餵了狗」。

話雖這麼講，但是職場上因為觀念不同，或分道揚鑣，或反目成仇，這事再正常不過了吧。

歸根究柢，這還是一個關於心胸寬廣還是狹隘的問題。你想得開，對於同事或者下屬的離職，大方祝福即可。你想不開，在人走後說三道四，只會暴露你的小肚雞腸，徒增其他人的話柄。

做個不恰當的比喻，員工和公司的關係就像是一對小情侶，你手把手教我怎麼做菜，我很感激。分手後，我改做菜給現任吃，你憑什麼因此就罵我「白眼狼」呢？

你可以不祝福離開的人，但是請你也別詛咒。

＊＊＊

邱吉爾有過一句名言：「沒有永遠的朋友，也沒有永遠的敵人，只有永恆的利益。」這話放在職場上再貼切不過了。

你永遠不知道，在你背後嚼舌根的小人，也許正是那個三天兩頭帶點心給你的同事。你永遠不知道，那個天天對你阿諛奉承的下屬，心裡正憋著力氣把你從位置上擠下去。你永遠不知道，昨天還祝福你「前程似錦」的主管，今天就帶頭把你踢出了群組。

之所以人走茶涼，無非是因為這個人沒有利用價值了，就這麼簡單，沒什麼好惋惜和憤慨的，這就是職場的常態。

許多人也許聽過這樣一句雞湯：「在公司，我們都是一顆螺絲釘，雖然渺小，但是無比重要。」然而，這句話還有後半句，「儘管如此，我們仍然隨時可以被代替。」

你覺得自己是團隊的主心骨，「一人之下，萬人之上」，不過是因為主管暫時沒有找到代替你的人而已。當你走後，甚至可能你還沒走的時候，新的候補隊員就已經在來的路上了。

初入職場的新鮮人，以為身邊的人個個義薄雲天，到最後才發現，實際上每個人都情薄如紙。

殘酷嗎？殘酷。可職場本來就不是一個適合交友的地方。你們聚在一起，不過一個「利」字使然。你走後，利益的紐帶斷了，彼此之間的關係自然如一盤散沙，你要試著去接受這個現實。

西門君給你一個建議，在你離職半天後，主動退了所有的公司群組，立刻刪了所有讓你看著不順眼的主管和同事。別讓自己離了茅廁，還得忍著惡臭。

# 「我還年輕」不是你心安理得當「廢柴」的擋箭牌

今天上午，我快被自己帶的實習生氣哭了。

事情的來龍去脈是這樣的。早上我讓他整理一份可合作的自媒體公眾號名單，這並不難，所以他很快完工了。

這個實習生是某知名大學畢業的，按常理，我沒必要懷疑他的工作能力，但是不怕一萬只怕萬一，所以我還是謹慎地審核了一下。

一審嚇一跳！好多自媒體公眾號的名字，居然都存在錯別字！

這個問題說大不大，但說小也不小。如果這個紕漏出現在合作方案裡，見面洽談的時候難免會給對方留下惡劣的印象。

我把實習生喊到會議室，壓抑住自己的情緒，耐心地指出了他的錯誤。

「抱歉啊，西門哥，我也是一時疏忽，日後保證不再犯了！」他反省的言辭還算誠懇，但那副語氣和神態卻似乎在暗示：「我還年輕啦，您作為前輩寬宏大量一點唄，別放在心上啦！」

什麼？明明是你犯的錯誤，糾正的人反而成了刻薄的一方了？我正想發火，猛然想起了一年前的自己。

＊＊＊

二〇一六年，出於對文字的熱愛，我加入了彼時的公司，成了一名新媒體寫手。我大學的專業不是這個，所以我得逼自己去適應這個全新的領域。

由於一開始還是挺順風順水的，於是慢慢地我就有點飄了。可想而知，我犯錯就只是時間問題而已了。

「你知不知道這個不恰當的用語，可能會給公司帶來難以估量的損失？」主管把我喊到辦公室破口大罵。

我嚇得雙腿直打戰，腦子不知道怎麼的就「發神經」了，下意識地辯解了一句：「抱歉啊，方總，我的初衷是好的，只是沒想到……唉，我果然還是太嫩了。」

這下可好，我明白到了什麼叫作「火上澆油」。

「西門，你給我聽好，別用年輕當作你工作失誤的擋箭牌！」聽完這句話，我一個星期都處在自責和不甘的情緒之中。

自責的原因不必解釋，不甘的點在於，我畢竟還是該領域的新手，犯點錯無可厚非啊！

聽聽，這種自我辯解的想法，是不是讓你覺得似曾相識？

如果你點頭了，請趕緊醒悟過來——公司請你來上班，從來沒有幫你「催熟」的義務。他們花錢，是來購買你的行動力、注意力和創造力的。

年輕可以是犯錯的資本，但絕不應該成為你心安理得犯錯的藉口。

＊＊＊

西門君覺得，《穿著 Prada 的惡魔》是每個職場新人必看的電影之一。

安迪是「女魔頭」米蘭達的二號助理，工作上要處理的瑣事可謂奇葩之至。比如，米蘭達一通電話打來，安迪就要隨叫隨到，買一本尚未出版的《哈利波特》書稿，甚至在暴風雨之夜從邁阿密飛回紐約……

前幾任的助理都打了退堂鼓，只有安迪堅持到了最後。除了堅韌不拔的精神，安迪最打動我的，是她虛心學習的態度。

「這個我現在還不會，但是不用擔心，我馬上就去學。」

「您的要求讓我有點為難，但是給我點時間，絕對可以處理好。」

想在職場裡實現華麗蛻變，這個過程必然是帶著血和淚的。用馬薇薇的話說就是：「這個世界上不存在不需要抵抗重力的飛翔。」但是話又說回來，流了血和淚，不代表你就成長了。

我聽朋友吐槽，她有一個女同事，工作三年了連影印機都不會用。某天需要影印一份很重要的文件，她一通亂按後弄壞了機器，急得當場哭了起來。

大家紛紛圍過去安慰她，其中一位同事替她影印了文件。拿著文件，她破涕為笑，徑直衝向了主管的辦公室。

事後，她依舊不會使用影印機，依舊沒有打算學的意思。這下子，也再沒有人願意教她了。

「她覺得，遇上不會的事總有人會幫自己，何必去學那些雞毛蒜皮的事情呢？」朋友又好氣又好笑地說道。

咪蒙的〈職場不相信眼淚，要哭回家哭〉爭議很大，但是其中有句話我深表認同：「總有一些新人把職場當學校，等著有人來教，順便畫個重點。老大，公司是發錢的，而學校是要收費的好嗎？」

那些把主管當老師，把職場當學校的人，就等著被當吧。

＊＊＊

下班後，我請那個實習生吃了一頓火鍋。看著他初生牛犢的樣子，我想起當年青澀的自己。一番內心掙扎後，我決定給他第二次機會，希望他明白，我可以對他網開一面，但這個社會並不一定會。

人們不會因為你是十八歲還是二十八歲，就對你犯的錯誤區別對待，這是社會運轉的基本法則。它很冷酷，但是也無比公正。仗著自己年輕對犯錯不以為意的人，遲早會被殘酷的職場規則所淘汰。

及時磨礪自己吧朋友，就從這一刻開始。畢竟，其他人不是你媽，沒有容忍你一無是處的義務。

# 為全勤獎，我半夜十二點去公司打卡

昨晚和朋友阿澤吃宵夜，他一邊啃雞翅一邊跟我吐槽：「整死老子了！前天晚上十一點半，我正躺在床上玩王者呢，突然想起下班的時候忘記打卡了，整個人噌的一下就站了起來。穿衣、衝刺、打卡……還好沒過十二點！」

我腦補了那個畫面，簡直哭笑不得——一個一百八十公分高的漢子，穿著背心和大睡褲在午夜的街頭狂奔，知道的還好，不知道的還以為有人大晚上的在耍流氓呢。

「不就缺次考勤而已，有必要嗎？」我調侃地問道。

「我們公司很變態的，只要你缺一次打卡，這個月的全勤獎就沒了。如果你超過兩次忘記，甚至還會扣幾百元人民幣作為懲罰。哎，那句電影台詞怎麼說來著？『成年人的世界裡，沒有容易二字。』不說了，喝酒。」

乾完杯中酒，我鼻子一酸，驀然想起了三年前的自己。

＊＊＊

三年前，我還在某個網路公司擔任文案一職，由於職位上的獨立性，加之性格的原因，我基本上在公司都是獨來獨往的——或者說得更直接點，我對於職場所謂的「人情世故」毫不感冒。

混跡職場多年的人一定知道，一個公司裡最受歡迎的，不是主管就是人事。前者無須解釋，至於後者，他們掌握著公司上下的考勤指標，人緣能差嗎？至少我每次敲開人事辦公室的門的時候，他們的桌子上永遠都不缺零食。不過，我也並不在意這些，畢竟也不關我的事。

誰知道，後來還真的關我的事了。

一次月末考核，主管回溯當月的員工表現時，單獨提到了我的名字，讓我背後直冒冷汗。

「西門，你本月出勤有一次遲到和一次曠職，什麼情況？」

「那次遲到我承認，但是曠職我真沒有啊！應該是下班忘記打卡了，不好意思……」

「你不打卡，公司怎麼判定你幾點下班？是加班還是早退？」

我感到一陣委屈，一方面是心懷歉意，另一方面則是深感不公。許多同事都是早上九點多才到的，但因為主管十點才來公司，所以他一直察覺不到。

你可能會問，不是有打卡系統嗎？難道機器會騙人嗎？

機器當然不會騙人，可操控它的人會。別忘了，這一切都是人事在掌管的。大家平日獻的殷勤，在月末考勤上就「派上用場」了。

或許這就是上班族最無奈的一點吧，你好不容易躲過了公司「明規則」的壓榨，卻又莫名其妙地被「職場潛規則」給擺了一道。

＊＊＊

昨天下午我在版上發了一則動態：「你們公司最奇葩的規定是什麼？」瞬間收到了各式各樣的回答。

什麼「必須西裝革履來上班」「以來大姨媽為請假理由不予成立」「上班刷淘寶要罰款」……

我正準備一則一則回覆的時候，一位讀者私聊我說，她覺得公司禁止內部談戀愛的規定很荒唐。

「部門有個女孩和我們組長好上了，她特別為難，因為根據公司的規定，這種情況兩方需要有一方自動申請離職，她捨不得這份工作，但是也沒有勇氣要求對方跳槽。她找我傾訴這些，我真的很難受。」

然後，她又和我說了很多細節。最後，我忍不住「戳穿」了她：「那個女孩，其實就是你吧。」

「你怎麼知道？」她一驚，「那……西門君，你可以給我點建議嗎？我是應該分手？跳槽？還是奮起反抗公司的規定？」

這可真是難倒我了。

恐怕，這是很多職場新人的共同的苦惱吧。面對公司的「奇葩」規定，有人敢怒不敢言，有人欣然接受，有人則另謀高就。

但如果你非要我給個建議，我的回答是六個字：「要麼忍，要麼滾。」這非常不像我一貫的回嘴風格，對吧？因為我希望你們明白，公司本質上就是一個小社會，而社會本來就是由許許多多的規則約束且運行著的。

有痰的時候不讓隨地吐痰，憋的人是很難受。可是沒辦法，你要為環境衛生考慮，不能只圖自己痛快而不顧其他。

趕時間的時候，每個人都有闖紅燈的想法。可你必須忍住衝動，因為你要對自己和他人的生命負責。

諸如此類，不勝枚舉。

我們總會在生活中碰見很多讓人無奈的事情，有苦難言，最後只能被迫妥協，慢慢變得憤憤不平，甚至充滿戾氣。

具體到公司來說，也是一樣的道理。是的，也許不打卡就罰款的條約很苛刻，禁止辦公室戀情很不人道，但是沒辦法，既然你選擇加入，在簽下合約的那一刻起，你就理應遵守公司的遊戲規則。

這個世界上有一條重要的規律，那就是誰更容易適應這個社會，誰就有責任去適應這個社會。就像薛兆豐在《奇葩說》裡說的那樣：「你要一個你看得順眼的世界，這可能嗎？不可能。但要你學會把世界看得順眼，這是可以做得到的。」

如果有一天，你覺得自己足夠厲害，你完全可以自己創立公司然後設定規則，但等到那時候你會發現，這世上不存在讓所有人都滿意的規則。從來都沒有。

## 你們公務員又不賺錢，趕緊跳槽

作為一名非知名KOL（意見領袖），我經常會聽到一些啼笑皆非的評價：「你是不是認識很多大人物？馬雲的微信有嗎？」「你是不是接一篇廣告，抵別人一個月的薪水？」……

一開始我還會耐心地一句句回應，到後來我直接懶得搭理了。畢竟我的時間貴得很，有這閒工夫我還不如接篇稿子。不過有一天小方對我傾訴煩惱的時候，我立刻放下了手頭的工作，約他出去喝了一杯星巴克。

小方是我學弟，當年和我特別玩得來，而且他畢業也選擇留在杭州發展，所以我倆一直保持著聯繫。

「你微信上說要辭職的事是真的嗎？」我一邊轉著咖啡杯，一邊問小方。

「還沒決定，但是八成會吧……主要單位裡的活實在是太乏味了，簡直是在浪費生命。」

小方是在某公家機關做行政工作的，當年為了和幾萬人爭搶這個名額，他苦苦備戰公務員考試大半年。最後，也算是功夫不負有心人。

一開始，小方的工作狀態特別積極進取，不僅連續兩年被評為優秀分子，而且贏得了主管的極大信任，單位內外有許多人都排隊想拍他的馬屁。

然而漸漸地，小方對於自己選擇的職業道路產生了質疑。

「主管每次出差都要帶我，而且每天都有做不完的雜事，煩都煩死了！最重要的是，做公務員太安逸了，簡直就是混吃等死，一眼就能望到盡頭。西門，有時候我挺羨慕你的，為了自己的夢想而奮鬥，自由自在，真好。」

聽到「自由自在」幾個字，我半口拿鐵差點噴出來。

拜託，老子忙起來的時候，真的恨不得跟哪吒一樣三頭六臂好嗎！我把吐槽的話從喉嚨憋回心裡，嚴肅地和小方說了一句：「你先想清楚再決定，你所厭惡的地方，正是別人夢寐以求的聖殿。」

＊＊＊

有時候不得不感慨，真是「三十年河東，三十年河西」。想當年大家擠破腦袋想當公務員，原因也很簡單，社會地位高，福利保障好，鐵飯碗，工作清閒……簡直就是完美職業。

而現在一些新世代的小孩呢，一聽到「公務員」三個字就皺眉頭。毫不誇張地說，哪怕送他們多餘的名額，他們都不一定樂意去。

在前公司的時候，我帶過一個從公家機關跳槽來的實習生，我好奇地問她是怎麼考慮的。畢竟，「安穩」是很多女孩子的夢想吧。

她笑了笑，回答我說：「最青春的時光，難道不應該出去闖闖嗎？」乍一聽，還挺正能量的，然而她的工作表現，卻完全配不上這句話背後的「雄心壯志」。

她總是公司第一個下班打卡的人，偶爾需要加班的時候，她臉上也經常掛著不悅的表情。更別提週末了，臨時有公事時根本就聯繫不上她，因為她的電話永遠處於關機的狀態。

作為一位「毒舌」的前輩，我嚴肅地找她談了談。令人無語的是，她居然完全沒有意識到自己的問題。

「西門老師，被您這麼一說，我才發現自己身上還帶有在老東家養成的壞習慣，我一定會及時更正的！」

「好的。話說，你當時為什麼會選我們公司呀？」

「呃，」她臉一紅，「因為當時有個辭職的朋友慫恿我說，『公務員又不賺錢，去民營企業等上市分紅才是王道』。」

那一刻我才哭笑不得地領悟到，這個社會有許許多多從公家機關跳槽甚至下海的年輕人，根本就沒有考慮過自己的職業規畫或者公司前景，他們只是腦子一熱地想到：「這裡的規矩太多了，錢又少，沒意思，老子不幹了！」

然而，大多數時候，沒意思的不是職場，而是你。因為你自己不思進取，甘願做井底之蛙，所以你才會覺得當下的工作乏味無聊。而處理的工作越無聊，你就越自甘墮落，「惡性循環」便這麼產生了。

＊＊＊

那些為了所謂的個人理想，盲目跳槽離開公家機關的人，我目前沒遇到一個不後悔的。畢竟願望和現實之間的距離，比南極到北極的距離還要遠。

你以為去了企業就能少出差了，結果該去的客戶會議一場不能少。你以為去了企業就多點收入了，可是掰指一算，七扣八扣之後的錢還不如老東家給的福利豐厚。

你以為去了企業就可以避免拍馬屁的文化了，結果……你確實不用「煩惱」了，因為你被孤立了。

知道問題出在哪兒嗎？你把企業當成了培訓機構，以為企業有足夠的資源提高你的專業能力，彷彿只要跟在同部門的大神後面就能「掛機升級」，可是對不起，你想太多了。

企業不像公家機關，沒人有義務手把手地帶你成長。你想要進步，唯有靠持續不斷的自我學習。

所以，在你走出個人舒適區之前，請不要亂動跳槽的念頭。最起碼，先做到你們單位的佼佼者再說。

希望你明白，這世上最穩定的職位，是做足夠優秀的自己。

不管不顧而跳槽的人，無論是從公家機關跳去企業，抑或是反過來，都是欠缺理智的。因為人各有所長，適合自己的，才是最好的平台——哪怕它只是一家創業公司。是金子，遲早會發光。是石頭，哪怕換了一個地方，也改變不了被人踩兩腳的命運。

第八章

# 父母是我們今生今世最大的負擔

父母是孩子前半生唯一的觀眾，孩子是父母後半生唯一的觀眾。

——顏如晶（電視節目《奇葩說》知名辯手）

# 父母是我們今生今世最大的負擔

「不知道這麼說好不好，但是有時候，媽媽真的是我的負擔……」這是阿瑞離開杭州前，和我說的最後一句話。

上週五，他突然在社交平台宣告辭職，嚇得我立刻撥了電話過去。「瑞，你這什麼情況！工作犯錯誤了？還是有獵頭挖你了？」

「唉……都不是。」阿瑞長嘆一聲，「我媽昨天做家事的時候，腳下一滑，直接摔成了粉碎性骨折。」

「啊！」我一驚，「你是要回去照顧阿姨是吧？可……非得辭職嗎？你們主管應該可以通融通融的吧！」

「西門，」阿瑞打斷了我，「當年我畢業執意留在杭州不回河南，媽媽就是強烈反對的。現在出了這件事，大概也是老天召喚我回去吧。」

我沉默了半分鐘。

「你哪天走？我送你一程。」

「星期天。」

「好。」

分別的那天，我目送他的背影漸行漸遠，心中無限惋惜，既是為公司痛失一名銷售天才，也是為自己少了一位可以痛快飲酒的好兄弟。「父母是我們今生今世最大的負擔。」阿瑞的這句話一直縈繞在我耳邊，久久無法消弭。

＊＊＊

教育學家認為，一個人會成為什麼樣的人，極大程度是由家庭環境決定的。如果你的父母整天吵架，你難免會對婚姻產生陰影。如果你的家庭是書香門第，你多多少少會因此耳濡目染。

基本上，你的父母有什麼樣的教育觀，你就會得到什麼樣的價值觀。但問題來了，我們每個人都是獨立的個體，彼此間的差異性是永恆存在的。兩個人只要有差異，就一定會有衝突，哪怕是父母和子女之間也不例外。

我曾經在微博上寫過一句話：「每個人的一生都是一部和父母的抗爭史。」別以為這句話是駭人聽聞，回憶一下網路上林林總總的新聞吧——

「一小夥被父母強制要求考取公務員，歷經三年仍未考上。」

「某大齡剩女被父母安排一百場相親，幾近崩潰。」

「婆婆執意不肯搬離兒子的家，兒媳婦憤怒離家出走。」

是不是感覺很熟悉？

衝突的結局無非兩種，妥協與不妥協。

不妥協，輕則終日雞犬不寧，重則與父母斷絕一切聯繫，堪稱倫理悲劇。

但是，你以為妥協就是一種「雙贏」，就是最好的結局？恰恰相反，這是一種「雙輸」。

李安早年拍過的《推手》《囍宴》和《飲食男女》，被稱為「家庭三部曲」。其中最讓我震撼和難以忘懷的是《囍宴》。

「事業有成的男同志偉同被父母逼婚，迫於壓力，只能與男友賽門分手，並與女藝術家葳葳假結婚。然而，傳統的老父親仍然敏銳地看透了真相……」

故事的結局，老爺子辦了一場體面的婚禮，兒子也順理成章組建了家庭，一切看起來如此美好。但是只要你聯想到之前的劇情，就會發現這場皆大歡喜的「喜宴」，根本就是一個絕妙的諷刺。

父與子妥協的背後，沒有贏家，只有兩敗俱傷。

父母都是望子成龍的，他們常常自覺或不自覺地為我們規劃好了人生發展的藍圖。為了不辜負父母的期望，我們只有逼迫自己成為他們喜歡的模樣。

「我明明是蟲，他們卻逼我為龍。」我請你告訴我，這不是「負擔」是什麼？

＊＊＊

儒家《孝經》開宗明義曰：「身體發膚，受之父母，不敢毀傷，孝之始也。」

自古以來，「孝順」二字都是中華民族最重要的品德之一，在現代社會自然也不例外。

孟非主持的《中國式相親》中有一期，女嘉賓圓圓對一個男嘉賓迷戀不已，但是媽媽考慮到兩人的年齡鴻溝，當場表示了強烈的反對。最後在表白的橋段，圓圓帶著歉意對男嘉賓說：「雖然我很喜歡你，但是我尊重我媽媽的意思，對不起！」

一旁的媽媽如釋重負，圓圓卻淚如雨下。那一刻，想必媽媽的固有觀念是她最大的負擔吧。

是的，她退讓了。然而，這有什麼好指責的呢？出於愛而妥協，這是世上最值得歌頌的「窩囊」。

為了他物去傷害我們和父母間的感情，不值得。在扮演任何社會角色之前，我們首先是子女的身分，血濃於水，這份羈絆永遠不會改變。

父母在，人生尚有來處。父母去，人生只剩歸途。

是的，也許父母是我們一輩子的負擔，但是這份負擔同時也是一種念想。多虧了這份念想，我們孤獨的雙瞳不再失真，迷途的雙腿也不再無處落腳。

是的，也許父母是我們一輩子的負擔，但是這份負擔同時也是一種鞭策。帶著這份力量，縱使我們在異國他鄉漂泊無依的時候，仍有勇氣奮然前行。

是的，也許父母是我們一輩子的負擔，但是我們的雙肩心甘情願去承擔。因為，這是我們在人世最甜蜜的負擔啊。

## 我的微信通訊錄裡沒有媽媽

前兩天遠房表哥約我吃飯，一臉壞笑地告訴我他找到對象了。「你嫂子照片發給你了，是不是很漂亮？哈哈，也幫我轉給你媽看看吧，我小時候她那麼照顧我，這種人生大事還是需要她把把關的。」「哦，好的，我這就轉到我的家庭群組……」

表哥愣了一下。

「嗯？你轉到家庭群組幹嘛，我是讓你媽先看看啊。」

「我沒有加我媽的微信。」

「啊？」表哥似乎大吃一驚，「看你平時蠻孝順的樣子，居然連你媽的微信也沒有加！」

我知道他是在調侃，可是一股無名火還是從心底冒起——我沒有加媽媽的微信，就是不孝順？就是不愛她嗎？

＊＊＊

在解釋微信通訊錄裡為什麼沒有我媽之前，我想先分享一下閨密小琪的故事。

小琪是我的大學學妹，半年前，她遇到一件不算煩心的煩心事——母親在微信上三番兩次地發了好友申請，她本來想無視的，但是一番思索後，索性還是同意了。

加後不久，小琪就後悔了，因為自己的媽媽，實在太「黏人」了。小琪是做活動企劃的，修改方案需要保持連貫的思維，但是媽媽的微信語音總是會打斷她的思路。哪怕她和媽媽解釋自己在忙，對方也會時不時發來生氣的表情，弄得小琪哭笑不得。

更鬱悶的是，小琪再也沒辦法全心全力地泡夜店了，因為晚上十點和十一點她要準時地和媽媽視訊通話……

「這還怎麼讓人放飛自我！」小琪無奈地抱怨道。

這就罷了，最讓小琪頭疼的是，自己的動態貼文也不敢亂發了。

「小琪，什麼叫雷死了？該不會觸電了吧！」

「女孩子家，衣服穿得矜持一點，露個肩膀算怎麼一回事！」

「又吃外食？地溝油有害健康不知道嗎！」

機智的你一定會說，這有什麼的，分組（微信提供用戶管理聯絡人的一種功能）就行了唄！小琪也是這麼想的，問題是，分組難免會有「漏網之魚」啊。

「姊，你昨天合照的那個男生，好帥啊，是你什麼人？」家庭聚餐時，小琪的堂妹無意嘀咕了一句。小琪媽聽見之後，臉色大變。

飯後，她把小琪拉到房間裡，略帶生氣地質問道：「你戀愛了就告訴媽唄，搞什麼分組啊！」

「不是啊，只是朋友！」小琪一邊狂搖頭，一邊解釋道，「這不是怕您想太多所以……」

「好了，不用解釋，媽懂了！」小琪媽黑著臉回應。

事後，小琪對堂妹也發了脾氣，總之那晚大家都有點不太愉快。小琪和我吐槽這些事的時候，我的第一反應是，「幸好我沒有加媽媽的微信！」

和父輩互相交換彼此最真實的一面，有這個必要嗎？我覺得沒有。

首先，兩代人之間是有難以逾越的鴻溝的，這是矛盾產生的根本原因。三觀沒有對錯之分，只有新舊之差。道理我們都懂，可是衝突在所難免。

其次，每個人都有不想被任何人打擾的私密空間，哪怕親人之間也不例外。請不要剝奪我們安安靜靜做自己的權利，好嗎？

姜思達在《奇葩說》裡說過一句話，深得我心：「我寧願讓父母蒙在所謂幸福的鼓裡，也不願讓他們站在原野上，為了我與萬千野獸為敵。」

何況，甲之砒霜，乙之蜜糖，我眼裡不痛不癢的「浪花」，卻莫名其妙成了父母眼中的「洪水猛獸」。許多家庭溝通悲劇，就是這麼誕生的。

＊＊＊

我媽是個有點「臭美」的中年婦女，當年QQ空間流行的時候，她三天兩頭地暗示我按讚她的新自拍。舉手之勞，我也就順手點了。可是說實話，我是有點排斥的。你們能夠體會那種感覺嗎？當與親人之間的互動成了例行公事，人就有一種被親情包夾的窒息感。除了自拍求按讚，我媽還經常在家庭群裡放連結「求投票」「求轉發」，在群裡我還可以假裝視而不見，如果是私聊，你告訴我，投不投？轉不轉？

「不想幫」的理性和「該幫的」感性在打架，大腦不論站哪邊，我最後都會內疚。

儘管最後我還是會照做，但是長此以往，難免會叩問自己——「如果連爸媽這點小忙都不幫，那我簡直也太不孝了！」

如果可以，請不要給我這個內疚的機會。

＊＊＊

說到底，微信只是一個社交工具，以「有沒有微信」來判定兩個人關係的疏遠或親近，實為武斷。

如果你想瞭解媽媽，你不應該透過翻閱她的動態貼文的方式，而是應該想方設法地進入她的生活。她的所思所想、所見所得，才是她最豐富多彩的「即時動態」。

我不想幫媽媽的新照片按讚，並非出於冷漠，而是因為它們一半都是我拍的。

我不希望媽媽時刻和我保持聯繫，是因為沒有必要，我基本上每週都會在家裡吃飯。

不是每一個母親節，我都會記得送她禮物，但是該主動做家事的時候，我責無旁貸。

是的，我的微信通訊錄裡沒有媽媽，可是她永遠占據著我生活最重要的一席之地。

# 我在網路上約了一個中年婦女

做自由職業很煩的一點，就是要自行繳納社會保險。我去年也有過一段工作上的空檔期，那次去社保中心辦手續，整整用了三個小時，簡直崩潰。

幸好，隨著網際網路的發展，現在很多事都可以請人代勞了。這不，我昨天就預約了「代排隊」的業務，平台很好用，僅僅過了十五分鐘就有人接單了。

「您好，我需要找人去社保中心代排隊，您方便不？」我禮貌地問。

「方便方便，您家地址發一下，我過來取一下身分證。」「好。」

說實話，把身分證交給一個陌生人，我的心裡還是沒底的，不過當我開門看到對方後，心裡的石頭基本落地了。

「不好意思，您家小區太繞了，我差點迷路了。」對方一邊道歉，一邊用手帕擦著汗。

我打量了一下對方，典型的中年婦女形象，年紀應該比我媽大幾歲，看起來相當淳樸。

看到她滿頭大汗的模樣，我趕忙請她進屋歇歇腳，然後遞上了一杯水。

「謝謝你，這麼大的房子，你一個人住？」「不是的，阿姨，我和爸媽一起住。」

「哦，和爸媽一起住，真好……」

不知道為什麼，她將「真好」兩個字重複了不只一遍，還輕嘆了一聲。

「阿姨您的孩子應該挺大了吧？」

「嗯，我就一個兒子，現在他和老婆在加拿大定居呢。」

「您不跟著過去嗎？」

「語言不通呀，再加上在杭州這麼多年了，捨不得走。」

我搖了搖頭，不由得感慨，也許現在空巢老人越來越多的原因，不是兒女的無能，恰恰相反，而是他們太有出息了，快得父母完全跟不上他們的步伐。

＊＊＊

明年春節一過，我媽就要退休了。

我也曾經和她探討過退休後她何去何從的問題，她的第一反應是：「反正無論如何，我是不會去跳廣場舞的，跳不動。兒子你以後賺到大錢的話，我就環遊世界去了。」

「得了吧，就你這老胳膊老腿的，可別磕著碰著了。」我爸突然在旁邊插了一句嘴。

別看我爸這麼毒舌，其實他是擔心我媽一個人旅行的人身安全。「還不是怪你，還有四年才退休，不能一起去旅行！」我媽朝我爸翻了一個白眼，「那你說，我應該做什麼？」

「要不」，我打了一個圓場，「去辦個小型英語培訓班？」

「拜託，你媽我好不容易退休想圖個清閒，你還讓我接著過備課的日子？」

「也是……」

我們就這麼東拉西扯了半天，我媽突然賭氣說了一句：「唉，煩死了，我退休還是去養老院吧。」嚇得我下意識地擺擺手：「別別別，別人還以為我多不孝順呢！」

「哎，要是我退休了，」為了緩解氣氛，我爸機智地刷起了存在感，「我就天天看電視，警匪劇、都市劇、古裝劇一個個看過來。」

可別以為這是我爸的玩笑話，他每天晚上電視不看到十一點絕不甘休。

「您的視力本來就差，一直保持一個姿勢，對頸椎也不好呀！」「喲，這小子，開始管起我們倆來了，翅膀硬啦！」爸媽對視而笑。在他們爽朗的笑聲中，我突然意識到，不知道從什麼時候開始，我竟然像他們曾經管教我那般去管教他們了。

他們出遠門我會提前料理好雜事，他們如果磕磕碰碰我立刻嚇得四處找藥，他們如果大晚上還沒回來，我會急著狂打電話。

也許這就是成長吧，在人生的某個瞬間，你會和父母角色轉換，彷若一次生命的輪迴。

知道為什麼嗎？因為你害怕他們老去，所以你會卯足全力去拽住他們，就像曾經他們拽著調皮的你。

＊＊＊

前兩天我在電腦上看了二〇一八年很紅的電影《後來的我們》，說實在的，打動我的並不是其中的愛情橋段，而是其中的父子情深。

其中最讓我印象深刻的鏡頭，是男主角的父親騙兒子過年很熱鬧（其實也就兩個人），男主角騙父親自己混得很好，然後轉頭吃著泡麵……看得我鼻子一陣酸。

有人說，這是善意的謊言，可我並不這麼覺得。

如果我媽為了不增添我的負擔，執意住進養老院，或者我爸為了多賺兩個錢，下班後去開順風車，而且他倆還不願告訴我真相的話，我一定會心生怨念。怨的，不是他們的執拗，而是我的無能。

「如果，我可以多賺一點錢，或者多陪伴他們一點，也許……」但同時，另一個聲音也悄然在我心底響起——也許，父母本來就是不萌又難搞的小孩，他們決定的事，我們無法輕易改變。

這就好比我們年輕時，不管不顧，一心只想追求詩和遠方，無論父母怎麼規勸，都無濟於事。他們唯一能做的，就是目送著我們遠去的背影，漸漸兩鬢斑白。

就像《藍魚手繪日記》裡說的那樣：「父母以為我們不會長大，我們以為父母不會變老。我們都錯了。」

我曾經一度以為，我們和父母的疏遠是一個單向的過程，我們長大，然後去外地工作，最終成立自己的家庭，如此而已。

但這些年來，我逐漸領悟，其實這個離別的過程是雙向的。我們在離開父母的同時，他們也在以各種方式離開我們。就像《小別離》裡說的那樣：「這世間所有的愛都指向團聚，唯有父母的愛指向別離。」

這些年，我越來越感覺到父母不可能永遠都像以前一樣年輕，這是無可奈何的事情。但即便我目睹著父母年華老去，我也什麼都做不了，只能不知所措地遠遠看著同樣不知所措的父母。

我能做的，就是在他們住的不遠處買一座大房子，靜靜地守望他們老去——就像當年，他們目送著我去遠方一樣。

## 你這口漢堡吃下去，你爸半天就白做了

我曾在知乎上看到這樣一個問題，感覺值得探討。

今天在肯德基看到一個爸爸帶著孩子來買兒童套餐。吃的時候。爸爸和孩子說：「你這一頓飯，就花了我半天辛苦工作的錢。」孩子看起來有七八歲了，雖然沒說話，但感覺像是聽懂了。

的確，在三線城市，每人平均收入不高，在我小時候，也聽過親戚和孩子說「家裡沒錢但也給你買了」「我捨不得吃都省出來給你吃」這種話。

其實我內心有矛盾，我理解在三線城市普通家庭收入的拮据，但也心疼孩子可能從小就要感受到那種莫名的壓力和愧疚……所以，你們會在孩子面前表現出賺錢辛苦的情緒嗎？

說實話，看到這個問題，西門君的第一反應是好笑，第二反應是沉重。

好笑，是覺得這位爸爸的教育方式好荒誕；沉重，是為「站著說話不腰疼」的自己而

羞愧。

我翻了翻底下的評論，清一色都是「別把負能量傳遞給孩子」之類的內容。可是，什麼是負能量？什麼是正能量？又是誰來界定的呢？

對不起，這一次，我要堅定不移地站在你們所謂的「負能量」那邊。因為我覺得，有些時候，做父母，真的沒有必要那麼懂事。

＊＊＊

說一個關於我朋友小龍的故事。

直到上個月他找我喝酒那天之前，小龍在我眼中一直是「別人家的孩子」。不過，和你們往常的認知概念不同，我之所以會這麼看待他，是因為，只要他想要的東西，父母都會像哆啦A夢滿足大雄一樣滿足他。

小學，就在我們還沉迷在電腦室玩踩地雷的時候，他已經率先玩上了任天堂遊戲機。

國中，他校園儲值卡裡的數字永遠都是三位數，每次買零食的時候，他都不帶眨眼的（也是那個時候，我成了他的小跟班）。

高中一畢業，他做了兩件事——第一件，考駕照；第二件，買車。雖然算不上是多好的車子，但是也夠他在同齡人面前耍帥一波了。

他的父母是合夥開零售店的，生意據說還不錯，還開了幾家分店，所以他會過上比一般人更優越的生活，我絲毫不感到意外。

因此，當小龍和我說出那句「其實，我家並沒有那麼富裕」的時候，我幾乎是愕然的。

「其實，我家這幾年並沒有那麼富裕……」他一字一句地複述，「我前天試探性地問父母什麼時候幫我買房，他們是這麼回答我的。」

「可是……」我沉默了許久後，憋出這兩個字。

「可是大家都認為我家挺有錢，對吧？」小龍苦笑道，「不只你，我從小到大也是這麼想的。後來我才知道，這兩年社會不景氣，加上有個親戚從我家借了幾十萬，沒立借據，要不回來了……」

「那你聽到那句話，是什麼感受呢？」我小心翼翼地詢問。

「比起無法回到舒坦生活的鬱悶，我更痛心的，是父母對我的隱瞞。他們完全可以如實告訴我家裡的情況的，而不是等我問了，才窘然地告訴我真相。」

我不知道該接什麼話，兀自喝著啤酒。

＊＊＊

知乎的這個問題的本質，其實是「該不該讓孩子瞭解家庭的真實經濟狀況」。

我的回答是，該。千萬別讓孩子覺得，父母的付出是理所應當的。自從十一歲那年，我爸和我說了一句：「零用錢省著點花，我們家境況真的很一般。」我的消費習慣基本就被定型了。

我從不買任何昂貴的潮牌，能騎車就盡量不搭計程車，甚至直到現在，我連爸媽的收入都不敢問。

也許有些人覺得，讓一個十一歲的少年，承擔家庭生活的重擔，未免有點太早了。某種程度來說，是的。然而就像羅曼．羅蘭說的那樣：「世界上只有一種真正的英雄主義，那就是在認識生活的真相後依然熱愛生活。」

對於身心初步成熟的孩子來說，趁早離開舒適區，看清生活的真實面貌，避免成為溫室裡的花朵，本來就是應當且必要的。

中國式父母最大的問題在於，總是喜歡兩個人（甚至一個人）默默地把生活的苦楚扛下來，轉頭面對孩子的時候，卻勉強擠出笑容。

我覺得，這是不對的。

如果家境不錯，你就大大方方地告訴孩子；如果家境一般，你就坦然自如地告訴孩子；如果家境淒慘，你就斟酌字句後告訴孩子。你並沒有自己想像中那般堅強，孩子也遠沒有你想像中那般脆弱。

記住，永遠不要讓孩子在始料未及的情況下得知家庭的真實情況，等到那個時候，他的內心只會充滿了憤怒、無力和內疚。

經典電影《當幸福來敲門》裡，威爾．史密斯飾演的爸爸一開始是個loser（失敗者），但是他樂觀地接受了現實，並和兒子坦承了家庭的境遇。他兒子的回答令人感動：「一切都會好起來的，你不是一無所有，你還有我。」

爸媽，如果你們賺錢很辛苦，或者過得不如意，請一定如實告訴我。生活這條布滿劫難的江流，讓我們一起攜手渡過去，好嗎？

# 閉嘴！別再說「女兒是父親前世的小情人」了

今天西門君在微博上看到一則新聞影片，簡直讓人頭皮發麻。影片裡的男性和小女孩是某列車上的乘客，影片中，前者不停地掀開後者的衣服，然後瘋狂地上下摸索著，甚至還用上了嘴巴和「其他器官」。

據影片拍攝者爆料，小女孩不只一次地試圖反抗，也大喊過「爸爸你不要再摸我的屁股了」，但是對方絲毫沒有收斂的跡象。

更令人跌破眼鏡的是，小女孩的外婆和母親就坐在不遠的座位上，一副早已司空見慣的樣子，對這一切熟視無睹。

諸多蛛絲馬跡表明，這名男子對於女兒「過於親暱」的行為，已經不是第一次了。

在高鐵這種公開場合，該男子都敢如此旁若無人，倘若在家裡這種私密空間，每天究竟在上演何種越軌之事，簡直令人「細思恐極」！

接到舉報後，當地的警方第一時刻予以深入調查。然而，調查的結果著實令人心寒。

鐵路警方回應，調查後查明：「影片中的當事人周某某（男，三十歲）與小女孩（五歲）係父女關係，周某某行為不構成猥褻違法。」對此，身為「法盲」的西門君想弱弱地問一句，如果這都不算猥褻，什麼算猥褻？還有，難道親生父母就不存在犯「猥褻罪」的可能了？

＊＊＊

我翻了翻相關微博底下的評論，大部分網友還是一邊倒地批判禽獸父親的，還有些網友，則仍然堅持稱「這就是正常的父女間的親暱行為，只是有點過火而已」。

對不起，您是不是對「親暱行為」四個字有誤解？

父女間正常的親暱行為是怎麼樣的？牽手，擁抱，最多親個臉蛋，無論女兒是什麼年紀，至多於此了。再過分點的舉動，明顯有越軌的嫌疑——更別提女兒進入青春期之後了。

為什麼「吳宗憲摟抱女兒」「胡軍親吻女兒」的照片會引起爭議？就是因為在表達「父愛」這件事上，兩個人做出了有悖正常父女關係的舉動，而這，委實讓觀者有點視覺不適。

雖然胡軍解釋說：「這不過是父女親密關係的表現，九兒（胡軍女兒）是願意的。你們不要過度解讀。」但是對不起，西門君接受不了這個觀念。

難道女兒願意，你就可以堂而皇之地越軌了？那如果她要是再願意嘗試別的事，恕我直言，父親們豈不是還真打算躍躍欲試了？

有一句描述父女情深的俗語流傳甚廣——「女兒是父親前世的小情人」。許多人不知道，這句話始出自佛洛伊德的〈變形記〉一文，本意指「亂倫、戀父、幼齒癖以及處女情結的集中表現」。糟粕意味如此濃重的觀念，居然被很多家庭奉為圭臬，實在讓人費解。

「前世，前世」，怎麼的？這一世你還想「再續前緣」？更別提「情人」二字了，向來都是難登大雅之堂的蔑稱。

你用「前世情人」形容父女關係的時候，考慮過孩子她媽的感受嗎？

世道的崩壞，往往就是從家庭倫理的失常開始的。

夫妻之間不像夫妻，像企業合夥人。

母子之間不像母子，像慈禧與同治。父女之間不像父女，像前世的情人。

孔老夫子若泉下有知，鐵定會感慨一聲「嗚呼哀哉」！

＊＊＊

在西門君的觀念裡，「男女有別」永遠應該排在「父女情深」的順序之前。

一言以蔽之，請您先把自己和女兒生理上的區別弄清楚了，再去扮演父親的角色。

我在知乎上曾看到過一位女網友吐槽：「我爸總是不敲門就進我的房間，頭幾次我想想就算了，但有一次我還在換內衣呢，他推門而入，把我嚇得大叫。更讓人無語的是，他事後還埋怨我，『叫什麼叫，都是一家人，啥沒看過！』」

我還能說什麼呢，典型的「中國式爸爸」。

過了一段時間，我再去看那個貼文的時候，她似乎已經和父親「約法三章」了——第一，進女兒房間前要先敲門。第二，不論是哪個家庭成員，別輕易赤膊。第三，在女兒面前，父母不能講粗言穢語。

哪怕是血濃於水的一家人，該有的規矩也不能破，該保持的分寸也要拿捏好。

回到「高鐵男猥褻女兒」的事件，撇開主觀上該男性有沒有猥瑣的想法不說，至少在客觀表現上，已經構成了赤裸裸的猥褻行為。

影片裡小女孩拚命反抗的呼喊聲，實在聽得人揪心。

在國外，猥褻子女不僅會被判重罪，而且還將終身剝奪撫養權。有關部門給出過資料，百分之九十的性犯罪來源於身邊的親屬。在「世風日下，人心不古」的社會背景下，身為「女性」和「女兒」雙重身分的你，一定要學會保護好自己，並盡可能地遠離那些圖謀不軌的異性——哪怕對方是那個把你養大的男人。

畢竟，不是每一個「爸爸」，都配稱作「父親」。

第九章

# 你不是金子，就別老想著發光

世界不會在意你的自尊，人們看的只是你的成就。

——邱吉爾（前英國首相）

# 你越缺什麼，就會越覺得別人在炫什麼

「昨晚和一個酸民在微博上對罵，氣死我了。」小茹和我吐槽道。我忙問怎麼回事，她憤憤不平地回答：「我買了最新款的包包，開心地發在微博上，誰知過了一會兒有個酸民酸不拉幾地留言，說我在炫富。我當然不爽啊，就跟他對罵起來了。罵著罵著，他撂下一句『越炫什麼就是越缺什麼』，就把我封鎖了，委屈死我了！」

一旁的我，特別為她打抱不平。

這世上總有那麼一部分人，完全分不清「炫耀」和「展示」之間的差別，不分青紅皂白地就給人亂貼標籤。

「越炫什麼就是越缺什麼」這話乍一聽沒錯，大張旗鼓地吶喊可不就是為了掩飾某種匱乏嗎？可是細細琢磨一下會發現，這個理論完全站不住腳。如果人家不曾擁有那些東西，又該如何炫耀呢？

在西門君看來，也許更符合現實的情況是——你越缺什麼，才會越覺得別人在炫什麼。

什麼意思？其實很好理解，那些對富二代咬牙切齒的人，自己往往沒什麼錢。一個看到別人的甜蜜照就大呼「放閃死得快」的人，絕對是單身狗。

你有我沒有，我很不爽，但是我打死也不會承認自己低人一等，怎麼辦？簡單，我酸你、抹黑你、挖苦你，哪怕這並不會改變我和你之間的差距，但至少能讓你感受到我的不屑一顧。

艾倫．狄波頓在《我愛身分地位》中解釋了這一現象——當與我們處在同層次的人擁有比我們更好的東西，我們就開始懷疑自己的地位比他低，由此感到擔憂。

而擔憂的結果，好一點的成了「羨慕」，陰暗點的則淪為了「嫉妒」。

想想是不是這麼回事？馬雲登上十次全球富豪榜你都不會放在心上，但是同窗好友一躍成為知名影星，你一定會羨慕嫉妒恨。

見不得身邊的人混得比自己好，是大多數人的通病。

＊＊＊

日本作家東野圭吾在小說《惡意》裡講了一個讓人不寒而慄的故事：暢銷書作家日高邦彥在家中被殺，殺人兇手竟是同樣身為作家的同窗好友野野口修。

很多人猜測野野口修的殺人動機，「一定是他和日高邦彥之間有什麼不共戴天的過節吧」？其實並不是，他在事情敗露後對警方供述道：「殺人沒什麼理由，我就是看他不爽。」這是何等奇葩的殺人理由！

與一見鍾情的美好相反，有的人，你剛接觸就無緣無故地討厭他，他的一舉一動都讓你反感。你完全不清楚這種抗拒心理從何而來，但是仍然抑制不住。

在心理學家看來，這世上沒有無緣無故的愛，也沒有無緣無故的討厭。這一切是因為他在你眼前是一面鏡子，而你從鏡子裡看到了自己陰暗的那一面，這讓你感到無比恐慌。

舉一個也許不那麼恰當的例子，一個二十出頭的女孩子，如果開著一輛賓士經過你的面前，大概大部分人的第一反應會是——她一定有個有錢的乾爹！

雖然事後你冷靜的大腦幫你分析了各種可能性，也許她確實家境殷實，或者她是個年輕的企業家，也可能曾經幸運地中了大獎……但你的潛意識，卻教唆你用了最惡毒的想法去揣測這個女孩。

原因無他，嫉妒使人醜陋。

自己的年紀比她大，混得卻比她慘，這種事實太令人崩潰了！所以你只能透過不斷地吐槽和否定，來彰顯自己的價值並不輸人一等。你真正懊惱的是：「為什麼我在她這個年紀不像她這般年輕有為！」

＊＊＊

那些「缺什麼卻覺得別人炫什麼的人」，大多是社會的 Loser（失敗者），他們遊手好閒，一事無成，需要透過不斷抨擊別人才能尋找到存在感。

就好比我們平時總能聽到有人吐槽誰誰誰是「交際花」，其實哪來這麼多交際花啊，不過是這幫長舌婦自己無人問津，妒忌別人桃花氾濫罷了。

這樣的人，你要離他越遠越好。你和他據理力爭，他就死咬你在譁眾取寵，你選擇沉默不語，他就黑你是心虛默認。

我炫耀豪車，我知道這是事實，你卻說我其實沒那麼有錢，我自然很不服氣。有些人甚至不懷好意地說：「你的錢來之不義！」這是你的言論自由，但那也只是你自己的臆測而已。

法蘭索瓦．基佐就說過一句名言：「敢言之鑿鑿的人，極有可能都是胡說八道。」

你不瞭解我的生活，就給我扣各種「炫」的帽子，對不起，我不接受。這本來就是我平日生活的正常展示。

你覺得我裝，對不起，恐怕是你太 low（低級）了吧。

# 你酷得沒朋友，轉過身，孤獨如狗

每隔一段時間，我的社交平台就會冒出類似「你努力合群的樣子，真可憐」的文章，大意都是說「你不必為了強行融入一個群體，磨平了自己珍貴的稜角」。

說實話，起初我也覺得蠻有道理的，如果有人逼我加入一個和自己想法觀念不合的團體，我的第一反應一定是拒絕。

不過，好友小K最近遇上的一些糟心事，卻讓我對這個觀念有了質疑。

小K跳槽去的上市公司，同事們都很自來熟，中午會熱情地邀請他去公司餐廳共進午餐。看似挺好的一件事，卻讓他漸漸犯了難。原來，小K覺得公司餐廳廚師的水準普通，菜色換來換去總是那幾樣，於是逐漸心生倦意。於是他決定，連吃三天自己最愛的麵條。小K怎麼也想不到，這個小小的舉動，竟莫名其妙地讓自己被扣上了「不合群」的帽子。同事中午不再邀請他共進午餐了，就連部門私下活動的時候同事們都不愛喊上他了。

他感覺很委屈，自己只是不想每天吃差不多的飯菜，至於落到這步田地嗎？

他錯了嗎？當然沒有，做自己想做的事，吃自己想吃的東西，合情合理。

那他的同事們錯了嗎？也沒有吧！他們只是嫌你挑剔，再加上彼此也沒那麼熟，誰知道你是不是排斥團體行動，乾脆不帶你得了，一了百了。

這就是人際交往的殘酷之處——從合群變得不合群很容易，但是從不合群回歸合群卻很難。

你努力不合群的樣子，才是真的可憐。

＊＊＊

孤獨分為兩種，被動的和主動的。被迫而生的孤獨，是一種無法言說的酸楚。而主動性的孤獨，說好聽點叫「堅持自我」，說難聽點，那不就是「裝酷」嗎？

我的堂弟，對讀書毫無興趣，每天沉浸在網路遊戲的虛擬世界裡。我問他以後什麼打算，他不耐煩地回答我：「學校裡的人都是一幫廢柴，我和他們可不一樣，我的夢想是成為一名職業的電玩競技選手，燕雀安知鴻鵠之志？」

就事論事，我尊重他的夢想，也完全理解他的格格不入是出於對應試教育的不滿。可是無論如何，對於這種走歪了的「個性」，我怎麼也欣賞不來。

為什麼？因為像我堂弟這樣的人，錯誤地把「個性」與「不合群」畫上了等號，以特立獨行為榮，以隨波逐流為恥。他們崇尚並信奉著魯迅的名言：「猛獸都是獨行，豬羊才會成群。」

問題是，「個性」與「合群」之間並不衝突。

哪怕在人聲嘈雜的教室，你照樣可以專心致志地讀書，維持內心的自我平靜。

室友們的生活習性各不相同，你們照樣可以成為患難與共的兄弟。

誠如孔夫子所言：「君子和而不同。」在一個團體裡，存在著與你觀念或地位迥然不同的人，再正常不過了。

沒有人天生是合群的，也沒有人天生是不合群的，重要的是，你是否選擇了一條最適合自己的路。

***

不知道從什麼時候開始，這個時代開始鼓吹一種「個性至上」的理念，彷彿你丟失了個性，你就是一個俗不可耐的庸人。

在王小波的《一隻特立獨行的豬》裡，主角「豬兄」就是這麼一隻極有個性的豬。牠不甘心和其他肉豬一樣淪為人類的盤中餐。面對命運的宰割，牠選擇逃離豬圈，成了「一隻特立獨行的豬」。

你說，牠是孤傲的英雄，昂首信眉。我卻說，不對，牠只是生活的逃兵而已。

你可以選擇踽踽獨行，但你不應該沉浸在孤芳自賞裡無法自拔。經典影片《海上鋼琴師》的最後，主角一九〇〇不願像船上其他人那樣踏上陸地，於是他選擇彈著鋼琴，和伴隨自己長大的輪船一起沉入了大海。

那一幕，讓我泣不成聲。

與一九〇〇相似的，還有屈原。寫下「眾人皆醉我獨醒，眾人皆濁我獨清」的他，帶著救國無望的遺憾，決然投身於茫茫的汨羅江……

為自己堅持的信念獨行至死的人，值得被歌頌，但是不應被推崇。因為你永遠也分不清，這份孤獨的榮光裡，到底有多少成分，不過是「偏執」罷了。

有些人是因為優秀而孤獨，而有些人是因為自卑而孤獨。你的不合群，究竟屬於哪一種？

合群並不是一種性格，而是一種能力，你要去鍛鍊它。一味地逃避與他人的社交是可恥的，你躲得過初一，躲不過十五，你現在所有的自閉，未來一定會在某個時刻讓你付出代價。

＊＊＊

縱觀歷史，小至團體，大至國家，正是由於人類想齊心協力，我們才成為地球當之無愧的霸主。而那些「不合群」，強行與世界相悖的人，是註定會被社會所唾棄、淘汰的。人生大部分時候像在做填空題，而非選擇題。有些團體我們有得選擇，而有些團體我們無法選擇，現實向來如此殘酷。

選擇我行我素的人，只有少部分是不願同流合汙的雅士，大部分不過是逃避人情世故的懦夫罷了。

他們EQ低下，一無所長，無法融入團體裡，於是不屑地放言：「我做不到強行合群，那是隨波逐流！」典型的「得不到就毀滅」的陰暗心理。

別去羨慕那些為個性而個性的人，他們酷得沒朋友，轉過身去，卻往往孤獨如狗。

紀錄片《世界上最孤獨的鯨魚》裡，有一隻叫作Alice的鯨魚，在其他鯨魚眼裡，Alice就像是個啞巴，因為她溝通的頻率是五十二赫茲，而正常鯨的頻率只有十五至二十五赫茲。這意味著，她唱歌的時候沒有人聽見，難過的時候也沒有人理睬，甚至，連一個親朋好友都沒有……

我相信，沒人願意做那隻「孤鯨」，因為那份孤獨，絕非一般人可以承受的。

日後有了孩子，我一定會語重心長地和他們說：「比起當不合群的天才，我更願意看到你們成為合群的平凡人。」

## 優秀的人並非不合群，只是合的群裡沒有你

最近換了工作，新的環境和新的人，讓我有種難以名狀的陌生感。被同事拉進一個吐槽群組後，為了表現自己的合群，我只得勉為其難地偶爾冒泡。這不，今天又有人在吐槽新來的實習生了。「某某某總是一副不合群的樣子，不就仗著自己有點才華嗎！」「就是就是，小小年紀，裝什麼啊。」

我發了一個「圍觀」的賣萌表情，內心卻對他們充滿了鄙夷之情。我想起以前看過的一集《非誠勿擾》，男嘉賓自我介紹說，自己認識很多公司的CEO，為了證明自己沒有說謊，他現場撥打了電話。第一通，沒人接。第二通，沒人接。

他尷尬地第三次拿起電話，被孟非無情打斷：「算了，CEO一般都需要預約。」

格調不足卻妄圖高攀的人，所謂的「躋身上流社會」，不過是一種一廂情願罷了。

你口中的大人物，頂多只能算得上是你的人脈，根本就不能算是你的朋友。而你，恐怕只是他眼中的路人甲乙丙丁罷了。

＊＊＊

為了推廣公眾號，我加入了五花八門的社群。群裡有人自謙地說自己是經營新手，有人坦承自己是來廣泛交友的，有人則吹噓自己有過多麼厲害的專案經驗。

說實話，我對他們沒什麼興趣。真正引起我注意的，是某群一個不怎麼說話的「加菲貓」（他的頭貼是加菲貓）。

有一天群裡在討論創業的事，「加菲貓」分享了自己創業的辛酸史，很實在，完全沒有天花亂墜的修飾。他分享完之後，很多人去加他的微信，其中也包括我。

我熱情地和他打了招呼，大概過了兩個小時後，他回了我一句：「不好意思，剛在忙，很高興認識你。」

我趕忙又發過去一則訊息，求教關於個人迷茫期的問題。這一次，他直接沒有回我。

不悅的我，找朋友吐槽這事，結果反被對方上了一課：「大家都很忙，誰都沒有義務去回應每一則訊息。何況你於他而言，不過就是個陌生的無名小卒，他憑什麼理你？你懂什麼是『時間成本』嗎？」

朋友的話讓我如夢初醒，不由得聯想起之前大紅的〈你的同齡人正在拋棄你〉一文。文中有一句話，大意是：「同齡人拋棄你的時候，從來不會打一聲招呼。」其實更準確的說法是，他們根本沒有想過「拋棄不拋棄」的，他們從始至終根本就懶得搭理我們。

有一次，記者採訪作家周國平先生為什麼喜歡「獨來獨往」，他是這麼回應的：「我天性不宜交際。在多數場合，我不是覺得對方乏味，就是害怕對方覺得我乏味。可是我既不願忍受對方的乏味，也不願費勁使自己顯得有趣，那都太累了。」

優秀的人並不內向，只是你不值得他開尊口。

＊＊＊

如今人們最大的社交障礙是，你嫌我太冷漠，我嫌你沒品味。「我們倆加了微信，就算是朋友了吧，為啥不理我？」這句話的毛病在於，許多人把「認識」等同於「友情」，這種理解太膚淺了。真正的友情，應該是相互欣賞，相互欽佩，或者換言之，應該是「旗鼓相當」或者「勢均力敵」。

可還記得《天龍八部》裡的喬峰嗎？這位武林中赫赫有名的大俠，會和一個柔弱的書生成為兄弟嗎？顯而易見，根本不會。

喬峰初見段譽時，完全沒有把對方放在眼裡，直到段譽用凌波微步賽過了喬峰，這才讓他刮目相看道：「兄台內力果然不凡，想不到江南除了姑蘇慕容公子外，還有如此高手！」

之後，兩個人便結成了生死之交。

現代人的社交也是一樣的道理。成年人之間的友情，並不是單純無邪的交情。每一個人的成長都是帶著血淚的，他憑什麼把自己的資源輕易交給你？

請你先問問自己，你能為他帶來什麼樣的價值，有沒有超過他和你social（社交）的成本？

就像電影《後會無期》中那句經典的台詞那樣：「小孩子才看對錯，大人只看利弊。」

***

這個社會為什麼講究圈層？因為只有抱團取暖了，才能抵禦「寒冬」。

而每個圈層，站在金字塔頂端的只有那麼幾個人，他們不會因為你的稚嫩而多看你幾眼。畢竟，一直低著頭真的很累。

自打我開始寫作以來，發現這個圈子裡的大神從不會多說一句廢話，因為他們的時間很「貴」，完全可以拿來做其他更有意義的事，而不是和你沒話找話聊。

這很殘酷，但也很現實。如果你想進入一個圈層，首先你要掂量掂量自己的分量。分量有限卻強行融入，只會落得個貽笑大方的下場。所以，別再吐槽「優秀的人不合群」了，物以類聚人以群分，優秀的人不是不合群，只是他們合的群裡沒有你。

你需要做的，就是讓自己變得優秀，變得不可代替。等到那一天，那些曾經對你愛搭不理的人，遲早會反過來和你搭訕。

實力是圈子的通行證，一個人的成長，其實就是從一個圈子邁向更高階層的圈子的過程。

在你擁有足夠的分量之前，請停止你無意義的埋怨。這個世界，弱者從來沒有向強者討要公平的資格。

# 我只是秀了女兒的大學錄取通知書，憑什麼踢我出群

前兩天我看了一則新聞，挺讓人哭笑不得的——一位名叫郭蘭的女士，秀出女兒的北京清華大學錄取通知書後，瞬間被班長踢出了班級群。乍一看，好像是這個班長莫名其妙地胡亂踢人，然而這齣鬧劇的背後，其實另有隱情。

據郭女士的同學爆料：「她整天在班級群裡發自己女兒的事，不是讀書照，就是成績單。這次，她不僅發了一張女兒的大學錄取通知書，而且還配上了這麼一段話：『北京清華的錄取通知書就是大氣！』班長會踢她，也是順應民意了！」

事後，郭女士還憤憤不平地質問班長：「我只是秀了女兒的錄取通知書，憑什麼踢我出群！」結果發現，自己已經被對方封鎖了。

據說，班長的兒子今年也參加了大學入學考，但是發揮得非常一般。這件事，網友們幾乎一面倒地支持班長：「這是班級群，還是你的炫耀群？」「不知道班長正難過嗎？還在人家傷口上撒鹽？」「女兒智商這麼高，當媽的EQ這麼低？」

如果要我做個評判，我覺得是班長錯了——怎麼踢這麼晚？換作我是班長，早就把她踢到西伯利亞去了！

你永遠都不知道一個突然爆發的人，其實一直對你一忍再忍。

＊＊＊

班長為什麼會生氣？

自己的孩子沒有考上理想學府，這時候看到別人家小孩的喜訊，難免會惱羞成怒，這是淺層原因。而更深層的原因，則是自己多年的教育成果被同窗同學超越，班長的自尊心受到了強烈的打擊。

有人說，這不是見不得身邊人好的「陰暗心理」嗎？

是的，「見不得身邊人好」確實是一種病，問題是，這病，我們正常人都有。

同一個部門的小張，年紀比你小，晉升卻比你快，不氣人嗎？你的閨密，比你醜比你矮，找的男朋友神似王力宏，不氣人嗎？隔壁老王，一個月炒股賺的錢，比你半年搬的磚都要多，不氣人嗎？

「見不得身邊人過得比自己好」，這種心理真的再正常不過了，無可厚非。

就西門君而言，說句實在話，我也不希望同班同學混得太好，顯得我跟個 Loser 似的。

當然，也別混得太慘，這也是發自肺腑的話，畢竟找我借錢也是很煩的。

話說回來，「陰暗心理」固然不討喜，但更不討喜的，還是那些為裝模作樣而裝模作樣的人。

女演員田樸珺在《奇葩說》上就曾有一句被人詬病不已的話：「今天這個社會，但凡能活得讓人嫉妒，就別活得讓人同情。」

說來，不得不佩服高曉松老師接過的話：「但是如果能活得讓人喜歡，就不要活得讓人妒忌。」

這句話的絕妙之處，不只是對仗工整，更是它道出了為人處世的哲理——炫耀也許會讓你獲得一種低階的心理滿足，但同時也會招來妒忌和不必要的麻煩。贏了虛榮，卻輸了人心，實在不值得。

＊＊＊

臺灣作家劉墉曾說過：「失意人前，勿談得意事。得意人前，勿談失意事。」

之前聽說過一個新聞，一位中年男人在朋友喪子的葬禮上，逢人便分享兒子升遷的喜訊，結果被「暴打出門」。

你不分場合和時機炫耀的樣子，真的很醜。悶聲發大財，不好嗎？自己的女兒考上北京清華，這固然是值得慶賀的事，但是這份喜悅，完全可以用更含蓄的方式去抒發。

比如，發完大學錄取通知書的照片，再補發一個大紅包。畢竟「拿人家手短」，同學們再不爽也不會和錢過不去的。

或者，根本就別主動說，等同學們聊起孩子的大學入學考成績，再輕描淡寫地說一句：「她上了一個還不錯的學校……忘了，好像是北京清華吧。」

看看人家王健林是怎麼吹噓自己的：「我先訂個小目標，比如賺它一個億！」

最後，心疼一下郭女士的女兒，「媽媽炫耀大學錄取通知書結果被踢出群」的陰影，這大學四年恐怕是揮之不去了。

自己沒EQ，丟了自己的臉不說，還拖累了孩子的口碑，典型的「害慘了孩子」。

雖然西門君尚未成家，可能在教育方面沒有什麼話語權，但是這句話，我一定要和各位已為人父母的朋友說——無論你的孩子在你心裡是多麼金光閃閃的主角，在別的家長眼裡，他不過就是個精緻的龍套而已。

# 「大學入學考試不是唯一的出路！」「呵呵」

今年大學入學考結束後，我第一時間就詢問了遠房堂妹發揮得怎麼樣。

「還行吧，英語挺簡單，數學有點難。」她發來一個吐舌頭的表情。

「那上浙大還有戲嗎？」

「能上最好，不能上也無所謂啊，浙江好學校這麼多……」

她淡然的語氣讓螢幕這端的我愣然了一會兒。我依稀記得兩年前，她們志昂揚地和親戚們宣稱，大學非浙大不上。

堂妹的爸爸在群裡發話了：「只要琴兒開心，她上什麼學校我和你阿姨都支持！」

這份「開明」的教育理念，讓我陷入了沉思。

每年大學入學考前後，總有媒體大肆鼓吹「大學入學考不是唯一的出路」「不是有名氣的大學也蠻好的」之類的言論。這固然是一種思想的解放，一方面打破了畫地為牢的「名校思維」，一方面也鼓勵年輕人大考失利後不要氣餒，可以嘗試創業。

然而，事物都是有雙面性的。當一個人退路多的時候，他的幹勁必然會大打折扣。

「既然大學入學考不是唯一的出路，那我那麼拚命地寒窗苦讀幹嘛？自己開店當個老闆過過小日子不是蠻好的嗎！」

如果未來我兒子說出了這番話，我非但不會感到欣慰，而且還會感到心寒和惱怒。拜託，父母嘔心瀝血供養我們上學，不是讓我們去考場上散步的。

＊＊＊

不知道從什麼時候開始，捧知名大學的思潮開始逆轉，誰如果還高調宣揚名校優勢，一定會被輿論狠狠地嘲諷：「都什麼時代了，人各有所長，北大清華的畢業生又如何？」更有無聊者，會把唸錯字的北大校長拖出來批判：「校長會把『鴻鵠』念成『鴻浩』，北大也不過爾爾！」

回想我們自己或父母小時候，北京的清華北大可是連想都不敢想的夢啊！

那麼，名校在這個時代的優勢真的蕩然無存了嗎？當然不是。

「名校」之所以為「名校」，肯定在某些方面比普通大學要有優勢，比如師資陣容、教室器材、學校環境、品牌價值、校友資源……如果說你覺得這些都是虛無縹緲、不值一提的東西，那我們提一個實際的「名校效應」——名校出來的畢業生，不僅會受到用人機構的瘋搶，而且薪水也會比普通大學生至少高出百分之二十。

當然，你可以說你不在乎，或者拍拍胸脯道：「我比他們多努力百分之二十不就好了！」可是你別忘了，名校出來的學生，比你多努力的又豈止是百分之二十。

我一個在浙大的朋友，讀書的時候叫他吃飯根本約不出來，因為他不是在實驗室就是在做報告。有一次我忍不住吐槽：「你為啥這麼拚命？憑你的履歷，進阿里巴巴根本沒問題。」

他的回答令我印象深刻：「如果我不努力，就算進了阿里巴巴，恐怕也會成為同班同學的手下。」

那句雞湯怎麼說來著？「那些比你優秀的人，比你還要努力」，更可怕的是，這些人還各種暗示你，你努力也沒有用。不過最可怕的，是你居然還信以為真。

＊＊＊

關於大學入學考這個話題，有一個讀者留言說，她兩年前放棄了大學入學考，自己開了一家服裝店。客觀來說，她的這家店利潤還算是不錯，至少經濟上不用她父母操心了。

「為什麼不想接著讀書呢？」我問她。

「因為不是讀書的料，哈哈。」她耿直地回答。

「放棄大學入學考，這兩年你後悔過嗎？」

「怎麼說呢，後悔談不上，只是有時候忍不住會猜想，如果我當時上了職業技術學校，畢業後出來開店會不會更加得心應手。」

可是，人生並沒有這麼多的「如果」。在我看來，上大學其實是給自己的人生增加一些可能性和競爭力。

你當然可以選擇不讀大學，儘早創業，但是希望你明白，你讀了大學之後，人脈、資源、眼界等完全不同。等到萬事俱備，再胸有成竹地去創業不好嗎？

我非常厭惡「知名大學沒有什麼特殊之處」論調的原因是，它無差別地抹殺了許多人的努力。

許多人奉北京的清華北大等名校為理想殿堂，孜孜不倦地寒窗苦讀，就是為了有一天可以出人頭地。

而你卻說「學校並沒有好壞之分」，對不起，這是在侮辱所有追夢的學生。學生也許沒有優劣之分，但是學校有。別人可以欺騙你，但你不應該自欺欺人。

我浙大在職研究所的班裡，有一個三十多歲的大叔，我問他為什麼突然想來進修自己，他是這麼回答我的：「我以前讀的大學，大家都不怎麼愛讀書，現在終於有機會接觸到名校。我要磨礪自己，不然我會抱憾終身。」

有些人即使高齡仍然想成為更好的自己，而你卻在年輕的時候捨棄了這個機會。人生如棋，落子無悔，一步錯，步步錯。

是的，也許大學入學考不是唯一的出路，但恐怕是你最好的出路。

第十章

# 我的才華不是拿來取悅你

人生太短，我沒空辜負你，也沒空取悅你。

——西門君

# 外送小哥哭著求我別給負評，被我拒絕了

作為自由工作者，我每天最頭疼的問題就是五個字：「中午吃什麼？」一還好，我不是一個選擇恐懼症特別嚴重的人，所以很快就做出了決定——牛肉湯粉。

然後，我就開始了漫長的等待。

我下單的時候是十一點，如果正常的話，十一點半也差不多該送到了，可是到了那個時間點，半個人影都看不見。

起初我覺得，配送遲到一下下，很正常。但是等到十二點半的時候，我開始有點不爽了，立刻撥通了外送小哥的電話。對方一邊道歉，一邊強調「在路上了」！

我的第一反應是，一般說這話的，都是剛出發。

後來終於讓我等到了，一看時間已經到了兩點多，我整個人已經餓得前胸貼後背了。

接過外送的時候，我發現湯居然還撒了一小半出來。

「真是不好意思！在之前那家發生了一點不愉快，然後您的小區也比較繞，耽誤您的

用餐心情了！抱歉抱歉，希望您不要給負評啊！」

外送小哥做出雙手合十的致歉手勢，眼角流著不知是汗水還是眼淚的液體。

「辛苦了，但是這個負評，我該給還是給。」我義正詞嚴道。外送小哥抿了一下嘴巴，垂下眼眉，講了一句「祝您用餐愉快」之後，悻悻地走了。

看著他跌跌撞撞的背影，我按捺住心酸，點下了「負評」的按鈕。希望他不會怪我。

＊＊＊

一個負評對於外送人員的影響，我聽說，輕則罰款，重則開除。還記得之前有個外送小哥在雨中痛哭的影片吧？看得人那叫一個揪心。

大家都同情服務行業不容易，所以幾乎沒有給負評的習慣。可是，西門君一直有個觀點——不分青紅皂白地同情，其危害猛於虎。

拿外送行業來說，負評或者好評這個回饋制度的必要性不言而喻。它讓背後的公司知道自己的運轉系統哪裡做得好，哪裡做得不好，以便去改進和完善。

如果每一個消費者都不願意去給負評，或者總是昧著良心給好評，那這家公司就難以發現自身的問題，這將會導致嚴重的「蝴蝶效應」。

打個比方，假設今天這個外送小哥沒有收到我的投訴，他就會心生僥倖，膽子越來越肥，別說灑一勺湯了，以後他把湯丟了都敢騙你說牛肉粉是乾吃的。

今天我為了給負評，不得不扮演了一次「惡人」，但是這種「惡」，某種程度上正是「善」。

因為我的諫言，外送平台改善了運轉機制，外送小哥提高了服務品質，許多人會因此免受挨餓之苦。

說到飢餓，這也是我會狠下心的原因——你啥時候惹我不好啊，偏偏要在我餓的時候惹我。

人處於飢餓狀態的時候，身體和情緒都蒙受著折磨，這不是賠償就能了結的事。

何況，如果因為你的遲到導致我來不及吃飯，影響了下午談客戶時候的狀態，這件事誰來負責？替違反規則的外送小哥給負評，是對他造成消費者損失的應有懲罰。

當然，懲罰本身不是目的。給負評的目的是鞭策他、警醒他，在他的頭上懸一把達摩克利斯之劍。

***

有人可能說，規則是死的，人是活的，外送小哥會送餐遲到，肯定不是故意的。

這話乍一聽是對的，可是禁不起推敲。

不論是哪個行業，犯錯就是犯錯，他人不可能因為你的錯誤是無心之舉，就對你寬宏大量。

如果今天我們對外送小哥的過失網開一面，以後我們需要原諒的事，多了去了。接你的計程車司機說，繞路是因為導航問題，你笑著說「沒事」。你的菜裡有蟲子，服務生說不聲張的話打五折，你笑著說「好的」。

保姆打碎了你家的古董，那一刻，你終於發現自己沒法原諒了。因為你發現自己壓抑太久的怒火，已如同火山迸發般不可遏制了。可是，這枚惡果，正是由當初你親手埋下的種子長大而成。

你一次次的寬容，讓所謂的回饋機制形同虛設，讓整個評論區真假難辨。長此以往，劣幣遲早會驅逐良幣。

壞人的出現，可能並非是出於自己的墮落，而是好人的縱容。我可以接受外送小哥的道歉，挨著餓微笑說「下不為例」，但是這個負評，原諒我非給不可。

我支付了金錢，你犯了錯，就理應受到懲罰，因為你違反了契約精神，而「契約精神」，正是我們社會賴以生存的根基。

你被我投訴了，很委屈，心裡大罵我是混蛋，這些我都欣然接受。但是我希望你明白，今天我對你的「殘忍」，正是我對你最大的溫柔。

想一想你那些風雨無阻，準時準點送達的同行，如果今天我放過你一馬，他們的勤奮還有什麼意義呢？

對方做得好，你就給好評，對方做得不好，你就給負評。實事求是，不好嗎？

不要讓你氾濫的同情心以及偽善，成為那顆破壞社會秩序天平的鏽釘。

## 下一個被封殺的「溫婉」，也許就是你和我

溫婉被封殺後，社交平台上一片叫好之聲。而我，不幸又淪為了唱反調的異類。

簡單介紹一下，這個叫「溫婉」的女孩，她在抖音裡跳了Gucci Gucci Prada Prada的舞，粉絲人數成長三百萬，影片點閱量更是達到了令人瞠目結舌的千萬級。

然而她剛上熱門話題沒多久，其抖音帳號就被查封了，就像是曇花一現的流星，紅得快涼得也快。

那麼問題來了，溫婉為什麼會被封殺？

有人說，很簡單呀，網友們都「爆料」了——溫婉原名許靜婉，多次整容，十七歲輟學泡夜店，私生活混亂，談了N個有錢的男朋友，社會影響極其惡劣。

可是，網路上的消息真假難辨，憑藉道聽塗說和隻言片語就去蓋棺定論，真的合適嗎？

退一步說，就算溫婉真的如爆料所稱的那麼「不堪」，我們也沒有資格用輿論去抹殺

一個人。

英劇《黑鏡》裡最讓我背脊發涼的一集是「全網公敵」，講的是每天在推特上被標籤『去死』最多的人將成為「全網公敵」，二十四小時內會被高科技的殺人蜂螫死。

輿論可以殺人？不一定，但一定可以誅心。

＊＊＊

當然，作為一個不知名的KOL（意見領袖），我必須澄清一件事情——無論怎麼為溫婉發聲，但輟學、去夜店成癮、被包養都是西門君所不齒的。

只是，我們有沒有想過，是她心甘情願在抖音上曝光這一切的嗎？就我看到的而言，她也不過就是在影片裡經常擺出跳舞的樣子，僅此而已。

很簡單的道理，我在網路上展現出的形象，憑什麼要被我不那麼美好的私生活所牽累？

誠如王爾德所言：「每個聖人都有不可告人的過去，每個罪人都有純潔無瑕的未來。」

當年轟動一時的「豔照門」事件，幾乎為陳冠希的演藝之路判了死刑。可為什麼那個曝光照片的人就可以免受制裁了呢？

究其原因，人的內心都是獵奇的，只要我看到我想看的，罵我該罵的，其他的，管它作啥！

回到「溫婉被封殺」事件，幾乎沒有人覺得侵犯他人隱私權和名譽權的爆料者應該受到懲罰。

不奇怪，我們把所有的力氣都用在了罵溫婉上。

我問一個轉發〈溫婉的抖音，封得好〉一文的朋友：「你真的認識溫婉嗎？」她的回答令我記憶猶新：「不認識。可是我看這篇文章抨擊得有道理，就轉了，怎麼了？」

我無言以對。

＊＊＊

知乎上關於「溫婉該不該被封殺」的討論裡，我看到這麼一個觀點：「溫婉錯就錯在十七歲這個該讀書的年紀去夜店跳舞。」

有沒有道理？當然有。只是，如果我們以此類推的話——十八歲到二十一歲要讀大學不應該去夜店跳舞，二十二歲到二十七歲要努力工作不應該去夜店跳舞，快三十歲……你還好意思去夜店跳舞嗎？

得出結論，在哪個年紀都不應該去夜店跳舞。

當然，這個純屬調侃。老實說，如果我女兒十七歲的時候背著我去夜店跳舞，我也會惱怒的。

只是，有沒有那麼一種可能性，我們不要用社會主流的價值觀去苛責所有人？

今年電視節目《奇葩大會》令我印象最深刻的一次講評，其中一段是這麼說的：「我們總是把『應該』掛在嘴邊，什麼你應該好好讀書，應該找個對象，應該踏實工作……可是，冷靜想想，這世上哪來這麼多的『應該』？」

將心比心，你十七歲的時候，假如一群陌生人突然衝到你面前說：「喂，你這個年紀，應該好好讀書天天進步！」是不是簡直莫名其妙？我在什麼年紀想做什麼，關你什麼事啊！

如果我沒有記錯，〈溫婉的抖音，封得好〉那篇文章裡還提到，「如果沒有人再去做科學家，我們的國家還怎麼強大呢？」

弱弱地說一句，作者是不是有點操心過頭了？一個和諧的社會，應該崇尚包容。你想當科學家，我尊重你，我想當網紅，我也希望你可以尊重我。

然而，太多人對「網紅」兩個字有偏見了，下意識覺得她們都是整容臉，愛慕虛名，以榨取老男人和宅男的錢財為樂。這種以偏概全，一竿子打翻一船人的想法，是典型的「刻板印象」。

我有一個做直播的朋友，每天在鏡頭前至少要保持六個小時的微笑，晚上還要熬夜想第二天表演的內容，導致皮膚越來越差，然後只能蓋越來越厚的粉……長此以往，惡性循環，我現在看到她的樣子特別心疼。

三百六十行，每個行業都是不容易的，沒有誰比誰高貴，也沒有誰比誰低等。

當我們叫囂著「溫婉該封殺」的時候，有沒有設想過，也許有一天你好心扶了老奶奶，結果卻因為被網友挖出「讀書時候偷過半塊橡皮擦」而被人人喊打。

社會學家說過一句話：「不要成為沉默的幫凶。」可是，我們更不應該成為輿論的幫凶。

不然，下一個被封殺的「溫婉」，也許就是你和我。

# 你長大可別去發傳單，沒出息

離家不遠的一座天橋，是我每次去電影院的必經之路。雖然有點偏僻，但是賣藝的、乞討的、發傳單的人卻總是絡繹不絕。

昨晚我一個人看完電影，在橋上走著，一邊回味著剛才的劇情，一邊婉拒著各種傳單。發傳單的是一個二十出頭的女孩，皮膚略黑，紮起的馬尾很有校園氣息。

「健身瑜伽瞭解一下唄。」「不用了，謝謝。」

我插著褲兜往前走，無意間聽到一位女性的低語：「兒子，你長大可別去發傳單，沒出息！」

說完，她將傳單一折，隨手丟在了地上，然後牽起了一個五六歲孩子的手。

我瞥了一眼，她差不多三十歲出頭，打扮很時尚，LV的包在夕陽下閃著光。

我下意識地回頭看了看發傳單的女孩，她似乎並未聽見什麼，依舊機械卻熱情地做著手上的工作。

不知怎麼的，我莫名替她感到不公。

＊＊＊

《一個人的村莊》裡有一句話是這麼說的：「人最大的毛病，就是愛以自己的喜好度量其他事物。」確實如此，這個社會總有一群人以莫名的階級優越感自居。他們仗著自己收入頗豐，位高權重，動不動就趾高氣揚，睥睨天下。

我上週末參加了一個網路沙龍，結束後有一位劉先生提出說他來組飯局，我們欣然前往。

一開始我對劉先生的印象特別好——西裝革履，氣質儒雅，一看就是成功的企業家模樣。

然而，輪到我自報家門的時候，著實尷尬了一下。「劉總您好，我是做自媒體的……」「哦，蠻好的。這位美女呢？」他聽到我的背景後，快速打斷了我，把頭別向了坐在我旁邊的女孩。

這意思，不就是擺明了看不起我的工作和資歷嗎？

說實話我當時很不爽，畢竟之前的幾位都說了不下五分鐘。不過轉念一想，和席上其他幾位前輩比起來，我確實算是初出茅廬。「罷了，忍忍吧！」我在內心這樣規勸自己。

不料十分鐘後，劉先生的一番言論又觸到了我的怒點。

「服務生，大閘蟹還沒有上嗎？都過了多久了！」劉先生一邊拍著桌子，一邊破口大罵。

「劉總不好意思，我這就去催……」「催催催，每次問你們都是這個回答！」

服務生弓著背，不住地道歉。那姿態，讓人看得實在心酸。可菜上得慢，是他的錯嗎？

我的朋友和我說過一句話：「一個人的涵養，從他對待服務生就可以看出來。」

確實如此。一個人的品性，與他從事哪個行業、受過什麼教育、處在哪個階層有關係，但並不是正相關的關係。文盲照樣能出聖人，高知識分子也有可能淪為敗類。

劉先生光鮮亮麗的皮囊之下，那份靈魂著實萎縮得可怕。

＊＊＊

社會的各行各業，到底有沒有三六九等？

如果你極力否定，那一定是在自欺欺人。這麼多人擠破頭想當高階管理者、做大官，不就是因為「人往高處走」嗎？

不過，行業也許有貴賤，從事者可沒有。用我在北京工作的學長的話說：「大家在澡堂裡都是一絲不掛的，你月收入幾萬人民幣又能怎樣，也不就是讓大爺多搓幾次！」

當然，我們無法否認的是，每個社會都有一幫相對底層的人，做著最累的工作，拿著微薄的薪水，還受盡了白眼。

如果你有心留意，就會發現「快遞小哥被打」「服務員被潑熱水」之類的新聞屢見不鮮。

某次填寫快遞單的時候，我和快遞員閒扯，問他一個月收入怎麼樣，能不能自給自足。

「一個月正常的話，賺個五千還是可以的！」他憨笑地回答我。

「那蠻好的！」

「但是，」他突然又一臉愁容道，「遇上天氣不好導致延誤，或者路途顛簸把貨物弄壞，客戶投訴起來，我們扣起錢來也是很凶的，唉。」

我默然和他告別，轉頭就給了一個五星好評。

俗話說，「勿以善小而不為」，其實我們要給予世界善意，真的不難。

下了預約的計程車，主動給司機一個五星好評；銀行離櫃的時候，滿意的話，順手按一個滿分；服務生上完菜後，微笑說一聲「謝謝」；路邊收下別人發的傳單，走到對方看不見的街角再丟掉……

我們可以悠哉悠哉享受生活的背後，是服務業從事者在看不見的角落忙碌著。

「你覺得生活輕鬆，是因為有人替你承擔那份艱辛。」他們值得被這個世界溫柔以待。

＊＊＊

如果有人問我：「西門君，既然你覺得三百六十行，行行出狀元，那你以後的小孩去當服務生，你會反對嗎？」

對此，我的回答是：「如果他在權衡利弊後仍打算去做服務生，我不會阻止。只要能為社會做一份貢獻，這份職業就是值得尊敬的。」

這並不是刻意在弘揚社會主義價值觀，只是我竊以為，只有每個工種各司其職，這個社會才會平穩且高效地運轉下去。一個社會需要總理，同樣也需要清道夫。

真的，沒有必要去仰慕或者鄙視任何職業，大家都不容易。

外送小哥會因為打翻了一盒菜痛哭不已，職場菁英也會因為上司無端的遷怒一蹶不振。

那句電影台詞怎麼說來著，「成年人的生活裡沒有『容易』二字。」唯有互相包容，天下才能大同。

＊＊＊

我正準備走下天橋，那位三十歲出頭的女性突然驚呼起來。我回頭一看，那個小男孩掙開了她的手，撿起傳單，跑向了發傳單的女孩，整個過程一氣呵成。

「姐姐，媽媽說她不需要這個，所以我拿來還給你。」他清脆的童聲，劃破了空氣。

他的母親木立在原地，臉紅得像拌了辣椒醬的豬肝。

# 我月收入五位數，不敢承認自己是自由工作者

自從我專職做自媒體以後，每晚家裡的餐桌上總有一絲尷尬的氣息。

原本我爸媽還會關切地問：「兒啊，最近工作如何？」而現在，他們為了和我多一些共同話題，只能聊一些無關痛癢的娛樂八卦。

他們問得漫不經心，而我則答得虛與委蛇。

有時候，當他們抱怨下屬的無能或者學生的調皮時，我只得埋頭吃飯，不敢發言。因為我是自由職業，體會不到他們職業生涯的苦惱……這太讓人如坐針氈了！

不過最讓我窘迫的，還是昨晚我爸打電話時的所言所語：「老蔣啊，你最近怎麼樣？我兒子？還行啊，他還在電視台工作呢，你兒子呢？」

可事實上，我已經從電視台辭職快三年了。

我想起前段時間，媽媽在家族群組開玩笑說：「自從我兒子辭職後，我都不好意思找同事提相親了，哈哈。」言者無意，聽者有心，說實話，我的內心挺受傷的。

從上一份工作辭職之後，我一直不敢對外承認自己是自由工作者，生怕別人說我遊手好閒。

可是，就像馬薇薇說的那樣：「追求自由的人，其實要擔最大的責任，選別人少走的路的人，要背負最沉重的枷鎖。」

我們，真的比你們想像的還要努力。

＊＊＊

當自由工作者很「非主流」嗎？恰恰相反，未來，職業自由化將會是社會分工的主要趨勢。

以美國為例，一九九〇年代時，「自由工作者」還是一個陌生的概念，可在二〇〇四年至二〇一四年這十年間，它增長了五倍。

截至二〇一六年末，美國有超過五百三十萬的自由工作者，每三個美國職場人中，就有一個是自由工作者。

而中國這邊呢？LinkedIn 資料顯示，在中國自由工作者中，年齡在三十歲以下的人數占到總人數的七成。另外，中國自由工作者人數在年齡分布上呈現出「年齡越大，人數越少」的特點。處於三十至四十歲的自由工作者在總人數中占比為百分之二十四，而處於四十一至五十歲之間以及五十歲以上的自由工作者數量分別僅占總人數的百分之十三和百分之二。

簡而言之，「自由工作者」逐漸成為年輕人的首要選擇。理由倒也不難推測，引用知乎上一位網友的回答：「做自由工作者，不用朝九晚五，不用兩點一線，無須西裝革履，自由與賺錢兼顧，可謂人生一大快事。」

儘管如此，人們依舊對自由工作者有三大誤解。

第一，自由工作者都是公司唾棄的人。

很多時候，自由工作者選擇不成為上班族，並不一定是業務水準不行，歸根到底是理念或者薪酬待遇跟公司談不攏，無所謂誰對誰錯。

有業務水準差勁所以被迫去做自由職業的嗎？有，但是不多。更多的，還是覺得既然未來不想為他人打工，何不早點出來獨立打拚？與其說是公司不要他們，不如說是他們不需要公司。

第二，自由工作者都是啃老族。

不知道別人是怎麼樣的，反正我每個月除了付信用卡帳單和房貸，還有一部分剩餘，我都會拿來帶爸媽出去吃香的喝辣的。

別因為一粒老鼠屎就壞了一鍋粥。「啃老」的那不是自由工作者，而是不務正業的無業遊民。

第三，自由職業者都很遊手好閒。

不廢話，分享一下我的日程表——早上，不賴床；上午，看書和背單字；下午，寫文章或者在我的社群做知識分享；晚上，出門社交或者去健身房，不熬夜。

我有些自由職業的朋友，則是晚上熬夜做案子，早上睡到自然醒。

兩種作息無所謂孰優孰劣，只要能掌控好勞逸的節奏即可。

撇去這些誤解，我們冷靜地想一想，如果不是因為獨立打拚比上班賺的錢多，誰會傻呼呼地從事自由職業呢？

當你嘲諷著手機裡的微商的時候，他們或許也正躺在馬爾地夫的遊艇上嘲笑你。

＊＊＊

石黑一雄說過：「人的一生中總會有某個時刻，需要堅守自己的決定。一個說『這就是我，這就是我的選擇』的時刻。」我既然選擇了這條路，自然有我的底氣。

我整理了一下自己的收入來源，「公眾號廣告＋讀者打賞＋稿費＋付費課程＋平台補貼」，月收入人民幣五位數應該還是沒有問題的。可由於種種原因，我對此卻感到喜憂參半。

喜的是，我終於過上了自己嚮往的生活，而且最近還剛剛簽約做了旅遊體驗師，旅行寫作不再是痴人說夢。

憂的是，依舊有太多的人對「自由職業」存有偏見。

我的一個女性朋友小琦，她是自由設計師，有一天她和男朋友艾倫出去玩，當別人問到小琦是做什麼的時候，艾倫尷尬地一笑，回答道：「畫畫的。」

這時候，小琦已經有點面露不悅了。誰知道那個朋友嘴賤又多問了一句：「美術老師？」

艾倫搔了搔頭說道：「不是，反正就是誰給她錢她幫誰畫唄。」

結果那一晚，小琦就和艾倫提分手了。

「也許在他的眼裡，我就是個不入流的無業遊民吧。呵呵。」我無法判定小琦是不是過度敏感，但是我或多或少可以理解她的感受。

比起收入不穩定的壓力，得不到至親之人的支持，才是自由工作者最大的痛苦吧。

***

其實，某種程度來說，自由工作者並不自由。因為你本身就是一家公司，只不過行政、銷售、財務、苦力全都是你。

當你上班不爽了，你可以大吼一聲「老子不幹了」，但當你成為自由工作者後，你沒辦法辭職。

就像韓劇《未生》裡說的那樣：「將選擇的瞬間加起來就是生活。」而我們，永遠都沒法逃避自己的生活。

我衷心希望，這個社會能夠對我們更加包容。當我們說自己是自由職業的時候，聽者會微笑著點頭，而不是皺起眉頭。

同時，我也想用劉瑜《送你一顆子彈》裡的一句話，勉勵各位自由工作者同行：「一個人就像一支團隊，對著自己的頭腦和心靈招兵買馬，不氣餒，有召喚，愛自由。」

人生只有一次，無論是打工、創業還是做自由職業，活出自我就好。

# 後記

我寫下的這句話，乍一看有些充滿「戾氣」——「我的才華不是拿來取悅你」，你一定很好奇，那西門君是要取悅誰？

答案很簡單，我自己啊。

王爾德有一句名言：「愛自己是終身浪漫的開始。」這話放在我身上，再貼切不過了。

我一直堅信一個觀點，人首先應當足夠愛自己，有了餘力，再去愛其他人。

如果你連自己都不愛，誰還會來愛你？如果你連自己都取悅不了，又談何取悅他人？

我很欣賞的一位女演員梅莉·史翠普，曾說過一段引人深思的話：「對某些事我不再有耐性，不是因為我變得驕傲，只是我的生命到了一個階段，我不想再浪費時間在一些讓我感到不愉快或是傷害我的事情上。對於憤世嫉俗，過度批判，與任何形式的要求，我沒有耐性。我不願去取悅不喜歡我的人，或去愛不愛我的人，或對那些不想對我微笑的人去微笑。」

人生太短，我沒空辜負你，也沒空取悅你。不過，倒也不代表我就不在乎你了。我很在乎你，只是我在乎的方式，就是「不在乎」。

讀完我的這本書，你可能會覺得很「喪氣」，也可能會抱怨我字裡行間流露出的「負能量」，但是在我看來，真正的負能量，是明知你不才，卻仍然樂此不疲地鼓勵你做英雄。

你接受了自己是個 Loser 的真相，你至少還是個有自知之明的失敗者，可如果你執拗地認為自己是個天才，那對不起，你不僅是個失敗者，而且還是一個悲哀至極的失敗者。

身為庸才，我很抱歉。但是，那又何妨？做一個英雄固然偉岸，但是當一個小兵也不賴啊。

五月天的《笑忘歌》有一句歌詞我很喜歡：「這一生只願只要平凡快樂，誰說這樣不偉大呢？」

最後，感謝那些在生命中幫助我的人，因為你們的鼓勵，我才會在寫作的路上一往無前。

至於那些看輕或者詆毀我的人，就甭想得到我的感激了。因為你們，不配。

高寶書版集團
gobooks.com.tw

高寶文學 055
活著不是為了討好你，我想取悅的是自己

作　　者　西門君
特約編輯　林婉君
助理編輯　陳柔含
封面設計　黃馨儀
內頁排版　賴姵均
企　　劃　何嘉雯

發 行 人　朱凱蕾
出　　版　英屬維京群島商高寶國際有限公司台灣分公司
　　　　　Global Group Holdings, Ltd.
地　　址　台北市內湖區洲子街 88 號 3 樓
網　　址　gobooks.com.tw
電　　話　(02) 27992788
電　　郵　readers@gobooks.com.tw（讀者服務部）
　　　　　pr@gobooks.com.tw（公關諮詢部）
傳　　真　出版部　(02) 27990909　行銷部 (02) 27993088
郵政劃撥　19394552
戶　　名　英屬維京群島商高寶國際有限公司台灣分公司
發　　行　英屬維京群島商高寶國際有限公司台灣分公司
初版日期　2021 年 1 月

原書名：我的才華不是拿來取悅你

本作品中文繁體版通過成都天鳶文化傳播有限公司代理，經西藏悅讀紀文化傳媒有限公司授予英屬維京群島商高寶國際有限公司台灣分公司獨家出版發行，非經書面同意，不得以任何形式，任意重製轉載。

國家圖書館出版品預行編目 (CIP) 資料

活著不是為了討好你，我想取悅的是自己／西門君著. -- 初版. -- 臺北市：高寶國際出版：高寶國際發行, 2021.01
　面；　公分. -- (高寶文學：055)

ISBN 978-986-361-947-5(平裝)

1. 人生哲學

191.9　　　　109018103